La cultura en las empresas

I0408618

Hugo Armando Pérez Ulin

Ana Isabel Pérez Ulin

Leslie Nadhelli Rocha López.

Alejandro I. Pérez Ulin

Isabelino Pérez Jiménez

ISBN: 9798861246446

Sello: Independently published

DEDICATORIA

Dedico este libro a quienes han confiado en mí, especialmente a mis hijos; Hugo Armando, Ana Isabel, Alejandro I, Inohemí y Sarah.

A mis apreciados colaboradores, Hugo Armando, Ana Isabel, Alejandro I., Leslie Nadhelly, Omar Castro de quienes he tenido su apoyo permanente y decidido en todos los proyectos.

A mis jóvenes estudiantes del Tecnológico Nacional de México campus Zona Olmeca de la Villa Ocuiltzapotlán, Centro, Tabasco, México, a quienes deseo que sea de utilidad y a la vez, sirva de manual, donde puedan animarse a emprender.

ENLACES DE CONTACTO CON EL

MAESTRO ISABELINO PÉREZ JIMÉNEZ

Tecnológico Nacional de México campus Zona Olmeca

https://zolmeca.tecnm.mx/

isabelino.pj@zolmeca.tecnm.mx

https://web.facebook.com/isabelino.pj

isabelinoperezjimenez@gmail.com

https://twitter.com/QuintaPilares?s=09

https://web.facebook.com/Emprendamos-juntos-111791984003998

https://www.instagram.com/departamentosvhsa/

CONTENIDO

PROLOGO

El reto más grande en la vida de todo ser humano sigue siendo aprender a hacer algo eficaz con sus emociones, pero las emociones siempre exigen experiencia de vida y, sobre todo, un deseo profundo de compartir lo acontecido; No hay otro modo de que se conciba el aprendizaje y para que este se concrete debe ser compartido.

Isabelino Pérez Jiménez Médico Veterinario Zootecnista Y Master en Administración nos transmite parte de sus años recorridos, vivencias y emociones en este manual para la cultura empresarial cuyo propósito es encaminar al pequeño empresario, estudiantes y/o familias a satisfacer la necesidad de sentirse respaldados por una mentoria integral que les permita el éxito en la empresa y a su vez enseñar a las nuevas generaciones la integración a las políticas empresariales cuidando que la productividad se refleje.

En base a esta necesidad se ha elaborado este manual de cultura empresarial, para conocer paso a paso los requerimientos que se tienen en la empresa.

Esperando que este manual te ayude a alcanzar el éxito que tanto anhelas te deseo un excelente viaje.

Leslie Nadhelli Rocha López.

CAPÍTULO I

Contexto de la empresa

El entorno corporativo es un nuevo requisito de la norma ISO 9001 2015, que establece que las organizaciones deben considerar todos los aspectos internos y externos que puedan afectar los objetivos estratégicos y la planificación del sistema de gestión de la calidad. Cambia más o menos el concepto y la aplicación de la cláusula 4, y los requisitos relacionados con el contexto de la empresa. La cláusula 4 "Contexto organizacional" de ISO 9001 2015 requiere que una organización se evalúe a sí misma y a su entorno. Esto significa que es necesario definir la influencia de varios elementos de la empresa y cómo se reflejan en el sistema de gestión de calidad según ISO 9001 2015, cultura, metas y objetivos organizacionales, complejidad del producto, procesos y flujos de información, tamaño de la empresa, mercado, los clientes esperan. Existe una forma de detectar los riesgos y oportunidades asociados al entorno empresarial.

Elementos de la cultura empresarial

La cultura empresarial es un elemento muy utilizado y valorado por las compañías hoy en día. De hecho, el principal objetivo de la mayoría es el de hacer una buena estrategia en lo que se refiere al diseño de la cultura organizacional, apuntando cuáles son los elementos y funciones a desarrollar dentro de la organización.

1. Autonomía individual

Ésta se refiere al nivel de delegación, independencia y participación que existe dentro de una compañía. Por ejemplo, si nos referimos a un tipo de cultura organizacional orientada a resultados, la delegación y subordinación estará más presente.

Sin embargo, fijándonos en las empresas exitosas del siglo XXI, más orientadas a personas, se pone el foco sobre la participación entre los empleados e incluso diferentes departamentos de las compañías, apostando por el trabajo en equipo y el fomento de la creatividad.

Se evoluciona de empresas en las que el empleado no tenía "voz" ni poder de decisión, a compañías donde se tiene muy en cuenta la opinión y profesionalidad de los trabajadores.

2. Estructura.

La organización de la empresa también es parte de la cultura empresarial a tener en cuenta. Se refiere a las normas y reglamentos que rigen el desarrollo del trabajo, y el grado de control y vigilancia sobre su cumplimiento.

3. Apoyo.

¿Cuál es la relación entre supervisores y empleados? ¿Existe una relación de confianza, transparencia y espontaneidad? Las empresas se están moviendo hacia una cultura organizacional donde existe una relación cercana entre gerentes y empleados, no solo una jerarquía, donde los dos pueden trabajar y colaborar juntos.

4. Identidad.

La identidad hace referencia al sentido de pertenencia, a la forma en que las personas que integran una empresa la ven como un todo global, del que todos forman parte, sin desacuerdos.

La aceptación y el compromiso de los empleados van de la mano con el éxito de una empresa. La identidad corporativa es probablemente uno de los elementos más importantes de la cultura de una organización.

5. Reconocimiento.

¿Cómo reconoce a los empleados por su buen trabajo? Todos los incentivos, premios y recompensas que las empresas otorgan a sus empleados son otros elementos esenciales de la cultura organizacional.

Recompensar y reconocer abiertamente el buen trabajo a medida que se desarrolla su trabajo puede motivar más a los equipos y aumentar su capacidad para trabajar y ser más productivos.

6. Tolerancia al conflicto.

Hace referencia a la forma en que una empresa se enfrenta a las situaciones más complejas que se pueden presentar en el desarrollo de sus actividades: ya sea con los clientes, con los trabajadores o con la dirección, etc.

Es importante que las empresas tengan en cuenta estas circunstancias más delicadas, ya que en última instancia los momentos difíciles requieren un mayor apoyo de la dirección, que son tiempos complejos, de incertidumbres y tensiones.

7. Tolerancia al riesgo.

El último de los elementos que forman parte de la cultura de la organización es la tolerancia al riesgo, y ésta dependerá del espíritu innovador y creativo que se implante dentro de la compañía. Hay emprendedores con grandes y locas ideas que no lo piensan dos veces y lo comparten con todo su equipo para intentar, al menos, desarrollarlo y probar si será finalmente un éxito o no.

Técnicas para desarrollar habilidades emprendedoras y creativas

Existe una amplia literatura dedicada al estudio y reflexión de los procesos creativos y las técnicas de explotación de la creatividad (Sikora 1979; Davis y Scott 1980; Marín 1985; De la Torre 1982; De Bono 1974; Logan y Logan 1980). El método creativo, como afirma Ricardo, "es un proceso deliberado y consciente diseñado para reducir y eliminar las barreras a la expresión creativa, estimular la exploración creativa, facilitar el desarrollo y la comprensión del proceso creativo y lograr resultados creativos" Los métodos de desarrollo creativo aumentan con el número de autores, sin embargo, las variantes provienen de no más de 6 métodos básicos: el método de lluvia de ideas de Alex Osborn, la sinéctica de William Gordon y los seis sombreros para pensar de Edward de Bono.

Estas son algunas de las técnicas más utilizadas para estimular la generación de ideas. Cabe mencionar que, si bien algunas de estas técnicas pueden ser utilizadas de forma individual, los resultados no son los mismos que se obtendrían si se trabajara en grupo.

Estas técnicas son una forma de entrenar y de poner en práctica habilidades creativas, y funcionan como guías para desarrollar la creatividad.

1. Mapas Mentales:

Básicamente, el mapeo mental es una técnica gráfica que nos permite comprender el potencial de nuestro cerebro. La importancia de los mapas mentales es que son la expresión de una forma radiante de pensamiento. Es una tecnología versátil. Su principal aplicación en el proceso creativo es la exploración de un problema (es más recomendable verlo de otra forma) y la generación de ideas.

Para preparar, tome una hoja de papel y escriba o dibuje la pregunta o pregunta más importante en una sola palabra en el centro del papel. Los temas relacionados con la pregunta irradian de la imagen central de forma ramificada. Las imágenes o palabras clave que dibujamos en la línea vacía, sin pensar, automática pero claramente parten de estos temas.

2. El arte de hacer preguntas:

Creado por Alex Osborn. A quién se le ocurrió una serie de preguntas de lluvia de ideas que podrían usarse para explorar el problema. Este es un conjunto fundamental de preguntas que se usan para formular en el problema todos los enfoques que sean posibles y, así, abrir la perspectiva que tenemos del mismo. También son útiles para la percepción de nuevos usos, aplicaciones o posibilidades de un producto o un servicio.

Después de hacer preguntas como: ¿Cuándo? como es ¿Qué? ¿porque? ¿cuál? ¿qué? ¿Eso? ¿Para cual? Y sus correspondientes respuestas, la perspectiva de la pregunta es más abierta. Tenemos más perspectivas para abordarlo y pasar a la generación de ideas.

3. Brainstorming (tormenta de ideas):

Esta es la técnica más conocida para generar ideas. También fue desarrollado por Osborn y es una excelente técnica grupal para generar ideas.

Para ejecutarlo, establece algunas ideas de lo que quieres lograr y marca el tiempo que estarás trabajando en ello.

Además, hay cuatro reglas básicas a seguir:

- Toda crítica está prohibida
- Cualquier idea es bienvenida
- Tantas ideas como sea posible
- El desarrollo de ideas y la asociación son deseables.

Los participantes dicen todo lo que encuentran en base a las preguntas realizadas y siguiendo las reglas anteriores.

Las ideas existentes se pueden mejorar aplicando una lista de verificación; también puede agregar otras ideas. Tras la generación de ideas, el grupo establece los criterios con los cuales va a evaluar las ideas.

4. Relaciones Forzadas:

Su utilidad nace de un principio: combinar lo conocido con lo desconocido, fuerza una nueva situación. De ahí pueden surgir ideas originales. Es muy útil para generar ideas que complementan al Brainstorming cuando ya parece que el proceso se estanca.

5. Scamper:

Básicamente es una lista de preguntas que estimulan la generación de ideas. Alex Osborn, el creador del Brainstorming, estableció las primeras. Más tarde fueron dispuestas por Bob Eberle:

- S: ¿Sustituir?

- C: ¿Combinar?

- A: ¿Adaptar?

- M: ¿Modificar?

- P: ¿Utilizarlo para otros usos?

- E: ¿Eliminar o reducir al mínimo?

- R: ¿Reordenar? = ¿Invertir?

6. Los seis sombreros:

El objetivo de esta técnica es observar un problema desde diferentes puntos de vista. Los seis sombreros representan diferentes formas, direcciones del pensamiento. El método promueve el mayor intercambio de ideas entre más personas. Ésta técnica es que fomenta el pensamiento paralelo, el pensamiento de toda amplitud y separa el ego del desempeño.

Esta técnica se basa en seis sombreros metafóricos que indican el tipo de pensamiento que está utilizando el participante, el cual realiza la acción de ponerse y sacarse el sombrero. Los sombreros nunca deben utilizarse para categorizar a los individuos.

Nombre del proyecto o de la empresa.

Un nombre se define como una palabra o conjunto de palabras utilizadas para distinguir los seres vivos de los objetos físicos o abstractos. "El nombre de su empresa se convertirá en el nombre de la empresa y en la forma en que los gobiernos y las agencias gubernamentales la reconocerán". "Elegir un nombre es fundamental para su negocio, ya que un mal nombre puede perjudicar la viabilidad comercial de su empresa.

Encontrar el nombre no es algo sencillo, significa que, como todo en el proyecto, lleva tiempo leerlo y por si fuera poco, un buen equipo de trabajo puede tomar la mejor decisión, porque discutirá tu proyecto a fondo.

Aquí hay unos ejemplos:

Fanta.

Fue inventado en Alemania en 1940 por Max Keith. El nombre proviene de la palabra alemana que significa fantasía (Fantasie o Phantasie) porque los inventores creían que se necesitaría fantasía o imaginación para encontrar esta mezcla explosiva de sabores de naranja.

Hyundai:

En coreano significa "la edad actual" o "modernidad".

Microsoft:

Llamada así por Bill Gates para representar el MICROcomputer SOFTware. Se llamo originalmente Micro-Soft, pero se quitó luego el guión.

Nike:

Nombre del Dios griego de la victoria.

NATURALEZA

Lo primero que hay que hacer es afirmar que la empresa es un proyecto que está dotado de uno o varios objetivos. A menudo se ha descrito sustantivamente por su finalidad económica, entendiendo el término en el sentido esencial de creación y distribución de recursos intrínsecamente escasos, o en un sentido más estricto de actividad estrictamente monetaria. Por tanto, las empresas se definen en términos de la producción de bienes y servicios, o más estrictamente, la generación de ingresos.

Objeto económico de la empresa

Para abrir un panorama más amplio, debemos examinar las consecuencias de definir las empresas únicamente en términos de su tamaño económico: conduce a un empobrecimiento falso. Porque, por supuesto, los objetivos económicos son los que definen a una empresa, pero no son los únicos. En medio de esta gran diferencia, la clave está en asumir el comportamiento ético como una necesidad fundamental, porque como conjunto de interconectados y sirvientes de otras personas, las corporaciones empresariales gozan de otros fines más radicales, que han de alcanzar –como veremos- precisamente a través de la gestión y en el modo propio que determinan sus objetivos y naturaleza económicos. Esto quiere decir que la empresa no puede dejar a un lado sus fines económicos, sería su muerte, lo que necesita es reubicar la jerarquía de sus fines.

En una comprensión equivocada de los objetivos corporativos, la producción es vista como el fin de la actividad económica, lo cual es una metamorfosis, una deshumanización. No se trata de agregar metas u objetivos para que las empresas tengan que lograr otros logros más fundamentales más allá de las metas económicas, que llamarán la atención sobre la condición de sus sociedades humanas.

Perfección de la naturaleza humana

Lo correcto es hacer esto: Como unión de seres especiales, las corporaciones deben administrar sus propios fines económicos para lograr los objetivos radicales comunes a todas las corporaciones humanas. Y esos fines básicos, los únicos que estrictamente pueden ser considerados fines últimos o superiores, se pueden resumir en unas pocas palabras: contribuir al progreso personal de las personas vinculadas a la empresa.

El esfuerzo por obtener beneficios no es negativo a menos que se convierta en el objetivo principal de la vida de la empresa. Toda acción humana debe perseguir el progreso humano, y las acciones colectivas de sus administradores y empleados deben perseguir el progreso humano de la misma manera. Se diferencia de otras actividades humanas en que persigue el progreso humano gestionando sus propios fines económicos.

La actividad económica es uno de los fines de una empresa, pero es un fin, sin el cual una empresa dejaría de ser una empresa. El hombre necesita de los bienes económicos para ser perfecto, y las corporaciones son una de las organizaciones humanas que proveen estos bienes. "Simplemente afirmar que el único objetivo de una corporación es generar ganancias constituye un error de minimización; afirmar que generar ganancias no es la meta de una corporación constituye un error intrínseco y, a veces, utópico. Sucede que las metas generales son complejas y presenta los aspectos, que deben ocurrir simultáneamente, sin considerar a uno medio para el otro, sino a todos como aspectos del objetivo único"

Objetivos de una empresa

Los diversos aspectos del objetivo genérico de la empresa son:

Proporcionar un servicio a la comunidad social.

Generar un valor económico añadido suficiente.

Generar una compensación "humana" suficiente.

Lograr una capacidad de auto-continuidad.

"Traducir la cuenta de resultados a la jerga de la gestión empresarial es entrar en una espiral creciente que, se aleguen o no razones "de peso", conduce a los directivos por un camino en el que desaparece cualquier otra dirección o meta. Es claro, entonces, que la mera acumulación de beneficios, sin ningún fin ulterior, no es justificación suficiente para la vida humana, ni desde el punto de vista ético ni psicológico. Por lo tanto, la definición de la corporación debe tener también en mente fines superiores".

Ética de negocios

En conclusión, la necesidad de que una empresa sea ética está incrustada en su naturaleza, propósito y actividades, porque si consideramos que una empresa solo puede ser plenamente humana si cumple su propósito sirviendo a sus empleados y a la comunidad, entonces los empresarios y las empresas tienen una necesidad de ética El requisito no es un requisito externo, "Traducir la cuenta de resultados a la jerga de la gestión empresarial es entrar en una espiral creciente que, se aleguen o no razones "de peso", conduce a los directivos por un camino en el que desaparece cualquier otra dirección o meta. Es claro, entonces, que la mera acumulación de beneficios, sin ningún fin ulterior, no es justificación suficiente para la vida humana, ni desde el punto de vista ético ni psicológico. Por lo tanto, la definición de la corporación debe tener también en mente fines superiores".

Ética de negocios

En conclusión, la necesidad de que una empresa sea ética está incrustada en su naturaleza, propósito y actividades, porque si consideramos que una empresa solo puede ser plenamente humana si cumple su propósito sirviendo a sus empleados y a la comunidad, entonces los empresarios y las empresas tienen una necesidad de ética. El requisito no es un requisito externo, sino una responsabilidad que le viene por su misma esencia.

Descripción de la necesidad detectada

La mayoría de la gente que prepara sus alimentos no tiene la costumbre de variar y/o buscar nuevos guisos, simplemente repiten monótonamente las recetas una y otra vez. Algunos de hecho, basan sus decisiones simplemente en los ingredientes que tienen en sus casas.

Breve descripción del negocio

Nuestro negocio se basa en una aplicación que ayuda a las personas que tienen el gusto y/o la responsabilidad de cocinar. Sus principales funciones son crear menús personalizados y crear listas de súper. Se puede programar la periodicidad y el contenido de las recetas.

Misión

Facilitar el trabajo de quien tiene la responsabilidad de cocinar y al mismo tiempo establecer una mejor calidad de vida a las familias a través de la alimentación.

Visión

Ser una herramienta reconocida y valorada como líder e innovadora, que facilite a los usuarios su vida cotidiana.

Websites o libros con recetas de cocina hay un gran número, sin embargo, nuestra ventaja sobre ellas es que a través de nuestra aplicación el usuario puede recibir información totalmente personalizada y adecuada a sus gustos y preferencias, más el plus de que incluso contarán ya con la lista del súper hecha.

Modelo de negocio

Venta de la aplicación

Inicialmente la nuestra aplicación será únicamente para IOS ya que quienes tienen esa plataforma son consumidores que están dispuestos a pagar por las aplicaciones.

Publicidad In-App

La publicidad dentro de una App es una estrategia muy común empleada por los desarrolladores, en la cual se elige una red de publicidad móvil, (como AdMob, iAd o AdColony y descarga el software pertinente) para que se publiquen anuncios dentro de la aplicación. Cada vez que un usuario hace clic en un anuncio, nos pagan una cantidad determinada.

Coste por instalación

Dentro de nuestra aplicación, aparecerán anuncios para instalar otras Apps relacionadas con la temática. Por cada descarga que el usuario haga desde nuestro anuncio, recibiremos una cantidad de dinero. Ejemplo: aplicaciones de supermercados para entrega a domicilio.

Misión, visión, objetivos y valores

Si quieres definir, redefinir o refrendar la misión, visión y valores de tu empresa, este es tu trabajo. Se puede garantizar que las empresas que tienen una declaración clara y compartida de su misión, visión y valores (incluidos clientes y empleados) pueden orientar mejor sus acciones de marketing y enfrentar mejor los imprevistos porque sus gerentes y Empleados saben muy bien quiénes son. Son, quiénes quieren ser y los valores que quieren vivir.

La misión define principalmente cuál es nuestro trabajo o actividad en el mercado, y también puede hacerse por referencia al público al que se dirige ya los factores únicos, especiales o diferenciadores en los que desarrolla el trabajo o actividad. Definir la misión de nuestra empresa nos ayudará a responder algunas de las siguientes preguntas: ¿Qué hacemos? ¿Cuál es nuestro negocio? ¿Qué vamos a hacer? ¿Cuál es nuestra razón de ser? ¿quiénes son nuestro público objetivo?, ¿cuál es nuestro ámbito geográfico de acción?, ¿cuál es nuestra ventaja competitiva?, ¿qué nos diferencia de nuestros competidores?

La visión define las metas que pretendemos conseguir en el futuro. Estas metas tienen que ser realistas y alcanzables, puesto que la propuesta de visión tiene un carácter inspirador y motivador. Para la definición de la visión de nuestra empresa, nos ayudará responder a las siguientes preguntas: ¿Qué quiero lograr?, ¿Dónde quiero estar en el futuro?, ¿Para quién lo haré?, ¿Ampliaré mi zona de actuación?

Ejemplo de Análisis FODA

Fortalezas

Especialización en el rubro (venta y reparación de computadoras).

Productos fiables y garantizados.

Capacitación continúa del personal.

Cartera de clientes en constante crecimiento.

Satisfacción de los clientes atendidos.

Capacidad de diversificación de los servicios.

Alianzas estratégicas con proveedores mas amigables (económicos) a la empresa.

Oportunidades

Crecimiento del mercado.

Ofrecer un servicio complementario.

Zona estratégica (frontera).

Tecnologías en constante evolución.

Aumentar la cantidad de trabajadores.

No existe una regulación sobre la venta de servicios.

No existen muchos competidores "formales".

Debilidades

Precios en los productos no generan mayor ganancia.

La cobertura del mercado es lenta.

No contar con alguna certificación.

Cobertura solo en zonas estratégicas.

Número de trabajadores insuficiente.

Capacidad de atención simultanea débil.

Inexperiencia en ciertas áreas del rubro.

Amenazas

1. Empresas extranjeras promueven mejores precios.

2. Aumento del costo de transportación.

3. Un cliente cada vez más exigente.

4. Algunos competidores se alían y ofrecen mayor cobertura.

5. Precios de algunos proveedores "esenciales" han subido.

Ventaja competitiva.

Una empresa es un grupo de personas que trabajan hacia un objetivo común. Por lo tanto, es importante asegurarse de que las personas con las que estamos trabajando sean las personas adecuadas.

Podemos ver el impacto negativo de la mala gestión de las personas y su cultura en múltiples casos y estudios en todo el mundo.

En 2016, las empresas de EE. UU. perdieron aproximadamente $ 3 billones ($ 3,000,000,000,000) debido a prácticas de gestión deficientes, burocracia y estrategias de cambio cultural. No es solo un impacto económico, es un impacto humano: si se corrigieran estas prácticas, 12,5 millones de estadounidenses pasarían de un trabajo burocrático y de bajo impacto a un trabajo productivo o creativo y de alto impacto.

¿Qué tipo de resultados quieres que tenga tu empresa?

innovación

Según un estudio de Deloitte, las empresas que se enfocan en una gran misión son un 30% más innovadoras y un 40% más talentosas que sus competidores.

Crecimiento del negocio

En 2015, el 50 por ciento de los ejecutivos encuestados por un estudio global identificaron la cultura organizacional como un factor clave en el desempeño comercial, y el 87 por ciento identificó la cultura como uno de sus "desafíos clave".

Retener el talento

En otro estudio, el 18 % de las empresas dijo que no tenía una estrategia para retener y aumentar el compromiso del talento, y solo el 28 % dijo que tenía una estrategia activa.

Motivación

Según el mismo estudio, la fuerza laboral actual está más motivada por trabajos emocionantes que por carreras seguras (12 % frente a 5 %).

Podríamos seguir con estos datos, pero está claro que, si consiguiéramos posicionar nuestra empresa o negocio a la derecha de estos resultados, tendríamos una ventaja importante sobre nuestros competidores.

Al administrar adecuadamente la cultura organizacional, su empresa puede obtener las siguientes ventajas:

Mejorar la atracción, retención y compromiso del talento.

Identifique y derribe las barreras que impiden que su empresa opere a la máxima potencia (peak performance).

Mejora de indicadores de negocio, tales como: calidad del producto o servicio, mejora de la comunicación y colaboración entre equipos de trabajo.

Abre la puerta a la innovación y al crecimiento exponencial.

Fortalezca el legado de su empresa aprovechando sus tradiciones y valores.

Identifique claramente cómo atender a los diferentes grupos de interés con los que tiene relación.

Gestionar la cultura de la empresa no es algo deseable, pero es necesario para que una empresa tenga éxito.

Elementos de un plan de negocio

Un plan de negocios típico contiene ocho secciones separadas, cada una con un propósito específico. Cada elemento se enumera y define a continuación.

1. Resumen ejecutivo: Es la introducción al documento, pero debe ser lo suficientemente amplio como para sostenerse y explicarse por sí mismo, en muchos casos esta es la única parte del plan de negocios que leen los inversores, por lo que debe proporcionar una buena visión general del plan como en su conjunto, y debe centrarse en atraer el interés de los inversores. Debe ser breve (1-2 páginas).

1. Se recomienda elaborar un borrador inicial que sirva de guía durante la elaboración del resto del plan y pueda ser utilizado como herramienta inicial para iniciar negociaciones con los interesados en el proyecto. El

resumen ejecutivo continuará siendo revisado y actualizado.

2. Descripción del negocio: El propósito de esta sección es proporcionar una descripción detallada de la empresa y los productos o servicios que planea ofrecer. Se debe aclarar la misión y la visión de la empresa, y se debe establecer una ventaja competitiva.

3. Análisis de mercado: Describe el tamaño y el potencial de crecimiento del mercado objetivo en el que competirá la empresa. Los empresarios deben demostrar que la empresa tiene una comprensión clara de las condiciones del mercado y que la idea de negocio es viable en las condiciones actuales y futuras.

4. Manejar el cuerpo: Es importante resaltar en esta sección la trayectoria, habilidades y capacidades, logros y éxitos de los gerentes y ejecutivos que liderarán la empresa del proyecto. Una vez más, se debe considerar la oferta y la demanda de todo tipo de mano de obra para iniciar el proyecto.

5. Funcionamiento: Esta es la sección más larga y detallada. Esta sección describe las estrategias utilizadas por los empresarios para penetrar en los mercados objetivo seleccionados. Muestra al lector que está bien desarrollado y puede implementarse.

6. Riesgos clave: Muchos empresarios prefieren omitir o evitar esta parte porque creen que los riesgos potenciales que presenta presentar el plan son perjudiciales para el negocio y que esto reducirá la posibilidad de obtener financiamiento. Pero, por el contrario, el hecho de que se

incluya un análisis completo de los riesgos del negocio demuestra a los socios potenciales que el emprendedor ha considerado todas las posibilidades e incluso considerado soluciones a los posibles riesgos.

7. Proyecciones financieras: El propósito de esta sección es convencer al lector de que el concepto de negocio es financieramente viable y rentable. Aquí se establecen los gastos, los ingresos, las ganancias a corto y largo plazo.

CAPITULO II

Análisis del Mercado

El propósito de esta sección es demostrar la viabilidad comercial del proyecto. Para ello es necesario determinar el ámbito geográfico, cuantificar el mercado potencial, agrupar el mercado en grupos homogéneos o segmentos con el mismo perfil de cliente, dividir el segmento de mercado en subgrupos denominados nichos de mercado, seleccionar aquellos a los que nos interesa apuntar, el nicho de mercado y calculará sus necesidades, potencial y ventas, analizará las motivaciones y el comportamiento de compra de los clientes y sus necesidades. Finalmente, en la medida de lo posible, incluirá reflexiones sobre la evolución futura de las expectativas del mercado.

En esta sección, detallamos las características del mercado (aspectos legales, tecnológicos, logísticos, de producción-comercialización), estructura, barreras de entrada, regiones geográficas, tamaño (número total de clientes, grado de concentración o fragmentación de clientes en la región), y pronósticos de evolución (tendencia de crecimiento de la demanda.

Segmentos de Mercado: Perfil del Consumidor

La segmentación significa dividir el mercado en grupos homogéneos y diferenciados, ya que cada segmento tiene su propio perfil de consumidor que describe sus características específicas.

 En esta sección identificaremos los segmentos de mercado y sus principales características. Para segmentar el mercado, podemos utilizar uno de los siguientes criterios:

❖ Geografía. Mercado por geografía del cliente: por calle, barrio, región, ciudad, pueblo, isla, región, país, continente, etc.

❖ Demografía. Segmente el mercado por datos demográficos del cliente: edad, sexo, estado civil, número de hijos, etc.

❖ Socioeconómico. Segmentar el mercado en función de las características socioeconómicas de los clientes: clase social, nivel educativo, poder adquisitivo, etc.

❖ Psicología. Realizar la segmentación del mercado en base a las características psicológicas, comportamientos, hábitos y estilos de vida de los clientes.

Definición del producto y productos secundarios

El marketing determina que un producto es algo que se ofrece en el mercado con el propósito de satisfacer una necesidad o deseo de un consumidor. En este sentido, un producto va más allá de su propia condición física e incluye la percepción del consumidor (símbolos, atributos psicológicos, etc.) en el momento de la compra. En sí, los productos inmateriales se denominan servicios. Por ejemplo: las computadoras y los módems son productos; la conexión a Internet es un servicio. Los productos tienen ciclos de vida. Cuando llegan al mercado, las empresas tienen que gastar mucho dinero en publicidad para que la gente conozca el producto. Cuando tiene éxito, pasa por una fase de crecimiento. Luego viene la fase de madurez (donde la mayoría de los consumidores potenciales ya han comprado el producto) y finalmente la fase de declive (donde la demanda es mínima).

Mercadotecnia y productos

En marketing, lo que entendemos por producto es un conjunto de atributos tangibles fácilmente identificables, que incluyen color, precio, fabricante, empaque, etc. Tienen un nombre que cualquiera puede entender. Los atributos de cada producto son aquellas características que motivan a los consumidores a probarlo, por ejemplo, cuando se habla de autos, uno de los principales atributos es la marca, ya que los fanáticos de Chevrolet difícilmente comprarán un Ford. Pero además de la marca, los productos tienen otras cualidades que más los distinguen, como su diseño, color, tamaño y utilidad, y en este punto vale señalar que, aunque haya poca diferencia entre estos dos elementos, por muy pequeña que sea, lo son, ambos están hablando de dos productos diferentes.

El precio es la cantidad que se debe pagar para comprar o utilizar un producto o servicio. El precio afecta la demanda de un producto y su posición en el mercado. Es el factor básico que determina la aportación del producto a los resultados de la empresa y que permite juzgar en último término su éxito o fracaso.

Política de precios

El precio no es simplemente una contraprestación financiera obtenida para proporcionar un bien o servicio a un cliente. Es un arma de comunicación capaz de influir en el comportamiento del consumidor y entregar mensajes. La función de comunicación del precio es muy importante, porque puede afectar la imagen del producto, porque está relacionado con la calidad, la reputación, etc. Por ello, aquellas marcas que pretenden posicionarse entre las más prestigiosas y se dirigen a segmentos de clientes con alto poder adquisitivo adoptan una estrategia de precios elevados. Por ejemplo, una limusina, además de ser un medio de transporte, también es un mensaje mediante el cual sus dueños comunican su poder adquisitivo a quienes les rodean. Al tomar decisiones de precios, es importante tener una visión global más allá del alcance del producto. Es necesario considerar los objetivos de la empresa, a pesar de sus propios costos y precios de producción. de la competencia deberán también ser considerados. Está claro, ya lo hemos mencionado, que ninguna variable de marketing puede considerarse de forma aislada, pues todas ellas están interrelacionadas al formar parte de un mismo sistema (la empresa, el mercado). Por ello a la hora de fijar el precio se debe tener en cuenta el tipo de producto, la manera de lanzarlo, el ciclo de vida, cómo se distribuye, su comunicación.

Perfil de mercado (demanda)

A medida que la economía de un país se desarrolla, cambia su enfoque de las necesidades básicas a la provisión de bienes y servicios industrializados. Para vigilar su proceso dinámico, es necesario comparar las necesidades cuantitativas con las de los consumidores según los diferentes niveles de ingresos. Por lo tanto, los grupos de bajos ingresos priorizarán el consumo de artículos de primera necesidad, mientras que los grupos de altos ingresos tendrán necesidades selectivas en cuanto a calidad, variedad y apariencia.

Si no se satisface la demanda agregada, la producción del artículo deberá compensar la diferencia, pero si ocurre lo contrario, la nueva producción deberá reemplazar al productor. También se deben identificar los cambios o posibles cambios en la demanda causados por el precio, el gusto y la capacidad o el desarrollo.

Artículos que generan ingresos monetarios, suponiendo una estimación de la cantidad que se puede vender a ciertos niveles de precios. Además, aparece una serie de factores que condicionan y determinan los gustos y preferencias de los consumidores, lo mismo que su poder adquisitivo o capacidad de compra. En este contexto podemos afirmar que la demanda es el proceso mediante el cual se logra de terminar las condiciones que afectan al consumo de un bien o servicio.

Perspectivas de mercado

La perspectiva del mercado se refiere a todas las características de competencia, iniciativa del productor y publicidad que se deben considerar para vender un producto o brindar un servicio. Identificar oportunidades de negocio. En resumen, es importante que las empresas vean oportunidades para hacerse notar y distribuir sus productos/servicios en sus regiones.

   a. Búsqueda activa: Las empresas identifican la demanda extranjera de sus productos o servicios por medio de distribuidores o intermediarios a través de Internet o a través de agencias encargadas de la promoción externa ya través de diferentes fuentes de información.

b. Búsqueda Pasiva: Las empresas buscan oportunidades de exportación debido a un mercado interno cada vez más reducido para sus productos o se dan cuenta de la importancia de los mercados externos. Condiciones socioculturales a considerar: a) Idioma) Considerando que algunos países prefieren productos de consumo locales, normas de distribución, promoción, presentación y etiquetado.

B. Acuerdos comerciales regionales. Toda esta información sobre temas socioculturales puede obtenerse bien de forma primaria, cuando se aportan datos de primera mano a través de entrevistas o encuestas, bien de forma secundaria, cuando se aportan datos diversos y tienen carácter institucional. Determinación del perfil del cliente: Al ingresar a un mercado en una determinada región, se deben tener en cuenta los "clientes" en esa región, se pueden considerar los siguientes factores:

- Ubicación geográfica del mercado,

- Tamaño del mercado o potencial por número de clientes.

- Empresa consumo del producto (ya sea como material o parte del producto).

- Características demográficas de la población necesitada del producto: Edad o rango de edad,

- Nivel socioeconómico.

Posibilidad de desarrollo

El crecimiento de una empresa se refiere al aumento del tamaño de variables como el número de activos, la producción, las ventas, los beneficios o el empleo. Esto se debe a varias razones: El crecimiento se entiende como un "síntoma" de que todo va bien para la empresa. En este entorno dinámico y competitivo, las empresas deben crecer y desarrollarse constantemente, de lo contrario esto generará retrasos para otros, o en el peor de los casos estancamiento que conducirá a la quiebra de la organización. Los objetivos de crecimiento están estrechamente relacionados con la función de utilidad de los gerentes de la empresa, ya que ejercen el control de la organización y sus decisiones son fundamentales para el avance de la visión de la empresa.

Planeación estratégica

Es un proceso de diseño de planes estratégicos para el logro de sus metas y objetivos, estos planes pueden ser de corto, mediano y largo plazo ya que significa cuantos planes y actividades debe realizar cada unidad operativa, ya sea a un nivel superior o a un nivel más alto.

Misión

Una forma de expresar el propósito fundamental de una organización. Aquí se deben determinar las razones de la existencia de la empresa, sus características y su trato con los clientes, la sociedad y los empleados.

Visión

Eso significa establecer objetivos y anunciarlos porque, principalmente, sus empleados pueden sentirse inseguros sobre la dirección del negocio y hacia dónde intentan ir, pero también es importante que realmente los cumplamos para evitar perder nuestra credibilidad como empresa.

Valores

Son los fundamentos o principios que guían el trabajo de una organización. La virtud de la empresa declara que la empresa está por supuesto integrada de personas y éstas a su vez deberán tenerlos para poder transmitirlas hacia las estrategias y a los resultados finales. Los valores son enunciados sobre concepciones de lo deseable con las cuales la organización se compromete.

Análisis FODA y Análisis General

Proporcionar una mejor orientación al establecer metas y planes de acción.

- Fortaleza.
- Oportunidad.
- Debilidad.
- Amenaza.

Análisis General: Este es un análisis que detalla los factores internos y externos que inciden en la empresa y son críticos para su éxito de manera general con el fin de formular una estrategia.

Metas y objetivos

Meta: Una declaración de los resultados parciales esperados para lograr la meta.

- Está relacionado con un objetivo.

- Es medible y observable.
- Especifica los grupos a los que se aplica el objetivo.
- Especificar los criterios de evaluación.
- Aclara las condiciones para que esto se logre.
- Especificar el periodo de tiempo requerido para lograrlo.

Meta: El resultado final a lograr, abordando o resolviendo los problemas clave identificados a través del análisis de la situación.

Competencias

✓ La competencia tiene que ver con el sentimiento de poder lograr resultados, producir resultados, lograr metas. Para muchas personas, la competencia es como el ejercicio; cuanto más competitivo seas, más fuerte serás y más rápido alcanzarás tus objetivos. Las personas con un fuerte espíritu competitivo buscan oportunidades para competir porque saben que para ser los mejores hay que trabajar duro y competir con los mejores; Beyond Rivalry es una competencia y la preparación te ayudará a ganar, es una función de logro valor dividido por el costo de acción requerido para lograr ese logro. Gilbert lo expresó en ecuaciones; llamó a la primera ecuación el "Primer Teorema del Ocio" y la identificó como la clave para la ingeniería de las capacidades humanas; el teorema establece varias cosas, entre ellas:

✓ La forma de volverse competente es aumentar el valor del logro mientras se disminuye la energía dedicada a la tarea. Señala que el verdadero valor de la competencia se deriva del logro, no de la conducta; y que lo importante no son las horas que se trabaja, sino lo que se consigue como resultado de esas horas de trabajo.

- ✓ De nada valen los grandes logros si los costos relativos de la acción humana son igualmente enormes.
- ✓ El valor de la tecnología no solo puede reducir costos, sino también producir más productos y de mejor calidad.
- ✓ Las capacidades humanas se basan en un comportamiento manifiesto, no en un comportamiento secreto u oculto.
- ✓ Independientemente del tamaño de su empresa, hay cuatro objetivos que debe tener en cuenta al considerar investigar y analizar a sus competidores:

Sepa dónde está realmente y con quién está compitiendo: no confíe en las primeras impresiones, siempre es útil profundizar para identificar a sus competidores más notables y, lo que es más importante, comprender quién lo está haciendo bien, quién no lo está haciendo bien y qué lo está haciendo. Una buena tendencia viene del mercado. Es importante hacerse una serie de preguntas en este punto, cuyas respuestas proporcionarán la información a recopilar. Estas son preguntas muy específicas. sobre tu competencia que más adelante detallaremos.

Identifique oportunidades comerciales: Esto es difícil, pero puede identificar nichos de mercado que sus competidores no atienden.

Descubre qué te hace destacar: Si entras en un mercado donde ya existen otros competidores, tendrás que ofrecer algo innovador y diferente para que tus clientes decidan ir contigo.

Anticípate a las reacciones de los competidores: Crear tu negocio puede provocar reacciones de tus competidores, especialmente si quitas clientes, por lo que es útil tratar de predecir y predecir sus reacciones.

El análisis competitivo sigue siendo una parte importante de cualquier investigación de mercado, aunque en negocios muy innovadores, muchos expertos comerciales recomiendan olvidarse de la competencia y centrarse primero en la validación del producto por parte del cliente.

Técnicas para el análisis de la competencia

Te recomendamos seis ejercicios que debes realizar antes de iniciar un negocio como autónomo o pyme. Toman algo de tiempo, pero casi no incurre en costos externos, y pueden proporcionar un conocimiento del mercado muy relevante.

Visita a tus competidores: visita las instalaciones de tus principales competidores y realiza misiones de observación utilizando un guión preparado que incluye todos estos aspectos que debes conocer. Mantén los ojos abiertos y completa metódicamente el cuestionario después de irte para no olvidar nada.

Los elementos a examinar dependerán de cada actividad, aquí tienes una lista de variables para que las adaptes a tu propio aprendizaje:

- Precio.
- Tráfico de clientes.
- Tipo y perfil de cliente.
- Reputación y satisfacción del cliente.
- Sistema de ventas y distribución.
- El tamaño y la apariencia de la casa.

- glamour callejero.
- horario de apertura.
- Antiguo.
- Número de empleados activos.
- El propietario está presente.
- Proveedores con los que trabaja.

Volumen de ventas

El volumen de ventas de una empresa determina su nivel de desarrollo. Todas las partes de una empresa deben trabajar juntas para lograr los objetivos generales. Estos objetivos se consiguen, ante todo, con la consecución de los objetivos específicos de cada departamento, uniéndolos conseguiremos el objetivo general.

Si un líder empresarial quiere lograr este objetivo, primero debe tener claro que debe estar orientado al consumidor en la etapa final. Si no hay consumidores, no habrá ventas. Si no hay ventas, la empresa morirá. Cualquier empresa, independientemente de su producto, debe prestar especial atención a su relación con los clientes y esforzarse por satisfacer sus necesidades. Sus clientes obtendrán la mayor satisfacción cuando se dé cuenta de que sus mejores ofertas tienen una calidad de servicio perfecta además de una excelente calidad de producto. Las empresas siempre deben ser conscientes de que vende productos. Que éstos prestarán determinados servicios a los consumidores y por tanto debe orientarse en estos aspectos. Insistimos en que todos los objetivos deben estar coordinados.

Participación en el mercado

La cuota de mercado es un indicador de competitividad, nos dice cómo nos estamos desempeñando en el mercado en relación con nuestros competidores. El índice nos permite evaluar si el mercado está creciendo o decreciendo, identificar tendencias en la selección de clientes de la competencia y tomar medidas estratégicas o tácticas. Este cálculo puede parecer sencillo, pero no lo es. Para que sea confiable, es necesario definir previamente el mercado servido o el mercado objetivo, el cual debe expresarse en términos de unidades de venta o valor monetario de ventas en relación con muchos competidores, productos, servicios, canales, categorías de clientes, etc., área geográfica y parte del tiempo.

Pronóstico de ventas

En general, la previsión de ventas es crucial para los gerentes de la empresa, ya que les permite tomar decisiones sobre marketing, producción, suministro y flujo de caja. Por lo tanto, debe articularse con mucho cuidado para no sobreoptimizar o exagerar las limitaciones, ya que pueden afectar seriamente a toda la empresa. Alcance de los Pronósticos de Ventas: Se recomienda elaborar pronósticos de ventas para cada producto (Incluyendo cada proyecto o presentación que posee), línea de productos y toda la empresa, ya que esto permite tomar decisiones más acertadas. (especialmente en términos de producción, suministro y flujo de caja). Además, es posible un mejor seguimiento al comparar los resultados de los esfuerzos de marketing con la realización de las previsiones de ventas.

En términos de tiempo, las previsiones de ventas suelen abarcar un año. Sin embargo, también se realizan pronósticos para menos de un año cuando la actividad en la industria en la que opera la empresa es tan volátil que las estimaciones para todo el año no son factibles. Por ejemplo, muchos minoristas y productores en la industria de la moda solo preparan pronósticos para una temporada a la vez, por lo que preparan 3 o 4 pronósticos por año. En cualquier caso, ya sea que el pronóstico de ventas sea anual o estacional, se recomienda revisarlo y corregirlo (si es necesario) periódicamente, como mensual o trimestralmente, para que pueda actualizarse. Adaptarse a las condiciones actuales del mercado.

Oportunidades de mercado

En la identificación de oportunidades de mercado, primero es importante examinar la diferencia entre una idea y la oportunidad. Una idea es un pensamiento o una hipótesis acerca de cómo su empresa puede hacer dinero. Las ideas son por lo general no está basada en hechos y están más influenciados por los sueños, esperanzas y aspiraciones de los planes tácticos para la ejecución. El simple hecho es que mientras que una idea es un factor crítico para su éxito, no puede por sí solo sostener su negocio.

Plan de marketing

Un plan de marketing es una herramienta de gestión esencial que cualquier empresa orientada al mercado debe utilizar para ser competitiva. En su ejecución se fijarán las diferentes acciones que se deben realizar en el ámbito del marketing para la consecución de los objetivos marcados. Esto no puede considerarse de forma aislada dentro de la empresa, sino que está completamente alineado con el plan estratégico y debe ajustarse de acuerdo con el plan general de la empresa para responder de manera efectiva a las necesidades y problemas planteados.

Pasos en el desarrollo de un plan de marketing:

1. Defina su negocio, su nicho, marca y productos/servicios Antes de desarrollar un plan de marketing, es importante definir algunos aspectos pilares de su negocio en Internet, algunos de los cuales son: Todos estos elementos se crean antes de los pasos de su plan de marketing.

2. Investigue su mercado en profundidad (incluida la competencia) Cuanto más sepa sobre su mercado, mejores productos podrán ofrecer y su marketing se dirigirá a las personas adecuadas. Creo que es un paso que siempre está en constante investigación y desarrollo, porque siempre puedes aprender un poco más sobre cualquier nicho y las personas que lo componen.

A. También es importante realizar investigaciones competitivas. Esto ayuda a saber qué están haciendo y ofreciendo (para ofrecer algo mejor o único) y generar ideas interesantes.

3. Establezca metas a corto y largo plazo.

La cultura en las empresas   45

4. Cree una propuesta de venta única.

5. Defina sus fuentes de tráfico.

6. Considere el marketing de contenidos.

7. Comercialización por correo electrónico.

8. Publicidad Entre las principales fuentes de tráfico a definir, es importante considerar la publicidad. Hay muchas formas de comercializar y generar tráfico gratuito, como las redes sociales y el SEO, pero, aunque estas pueden no costar tanto dinero, si consumen mucho tiempo y no dan resultados inmediatos.

9. Herramientas necesarias: Además de una cuenta de hosting, un dominio y una página Web es muy posible que se vayan a necesitar otro tipo de herramientas para optimizar, medir y poder vender con éxito en Internet.

10. Embudo de ventas muchas de las estrategias y puntos que hemos visto hasta ahora son enfocadas a la parte externa de conseguir posicionamiento, tráfico y suscriptores. (checa el capitulo 2 del libro 7 claves para posicionarte en el futuro de nuestra autoria) aquí te dejo el enlace. Siete claves para posicionarte en el futuro: 7 Claves para el posicionamiento exitoso en canales digitales eBook : Pérez Jiménez, Isabelino: Amazon.com.mx: Tienda Kindle

Distribución

A través de la distribución, proporcionamos nuestros productos o servicios a los clientes. Uno de los aspectos más importantes de la distribución es el canal de distribución. Estos son los principales canales de distribución:

➢ Venta directa: En consumo, fabricación, máquinas expendedoras, etc. Este canal es necesario en la venta de servicios y cuando tenemos poco acceso a canales con alto poder de negociación;

➢ Venta al por mayor: Los productos pueden ser suministrados a minoristas y grandes consumidores;

➢ Venta al por menor: Permite a las empresas ejercer un control estricto sobre el mercado, pero requiere el establecimiento de sistemas de gestión y control de ventas;

➢ Venta multicanal: Es una mezcla de los tres canales anteriores;

➢ Franquicias: Permite el establecimiento de un sistema de distribución compartido sin invertir en el establecimiento de su propia red de distribución;

➢ Canales modernos: Internet, correo, ventas relacionadas con los medios de pago, televisión, etc. Es importante elegir entre las diferentes modalidades de distribución aquella que más se adecue a nuestro mercado. Las modalidades de distribución son:

➢ Distribución exclusiva: Dar a una zona geográfica exclusividad para el ofrecimiento de nuestro producto; - Distribución selectiva: Elegimos diversos puntos de distribución en función de sus características;

> ➤ Distribución intensiva: La distribución se concentra en establecimientos de la misma rama comercial; - Distribución extensiva: distribuimos el producto en todo tipo de establecimientos.

Elegiremos el canal y el modelo de distribución en función de los objetivos y la estrategia comercial que hayamos definido.

Relaciones de negocios

Las relaciones comerciales a largo plazo se han convertido en una herramienta importante para el éxito de cualquier negocio de atención al cliente o cliente. El costo de adquirir clientes y encontrar un buen equipo comercial hace que mantener estas relaciones sea fundamental para el éxito. Sus relaciones comerciales durarán más y serán más sólidas si trata a sus socios comerciales, clientes y otros miembros de su comunidad con honestidad, confianza, justicia y respeto.

Tipos de relaciones: Para comprender la importancia de los muchos aspectos de las relaciones, debe considerar cuáles son esenciales en el mundo de los negocios. Clientes, comunidades, Empleados, Proveedores y socios comerciales forman los pilares centrales de los grupos que estarán en constante interacción con una empresa que realiza algún tipo de negocio, y cada uno de estos grupos juega un papel en el camino hacia el efecto del éxito. Además, prefiero a Kelly damore. Que explica en su artículo CRN publicado en octubre de 2011 ("Tres tipos de relaciones de negocios: ¿cuál debes alentar?"), debes considerar las diferencias que existen entre las relaciones personales, las que se desarrollan en el lugar de trabajo y las que se establecen con los compañeros, los clientes, y las personas externas a tu compañía.

Honestidad y verdad Tanto la honestidad como la veracidad son piedras fundamentales en las relaciones de negocios de larga duración. Esto es especialmente cierto a principios del siglo 21, cuando los empleados, clientes y socios de negocios pueden informar rápidamente a otros de los actos desleales que pudieras cometer. Además de esto, debes hablar verazmente con tus accionistas y revelarles las noticias importantes, así como la información financiera y de otro tipo que pueda ser de importancia: Esto es fundamental para mantener largas relaciones de negocios. Por lo general, una mentira o fallo al callar información pertinente es suficiente para arruinar tus relaciones de negocio.

Infraestructura disponible

Una infraestructura comercial eficiente, como instalaciones mayoristas y minoristas, mercados de abarrotes y almacenes, es esencial para una comercialización rentable que minimice las pérdidas posteriores a la cosecha y los riesgos para la salud. La infraestructura del mercado es necesaria en todas las etapas de la cadena de suministro, desde los mercados minoristas y de alimentos locales hasta los mercados mayoristas y minoristas en los principales centros urbanos. Los gobiernos y las autoridades locales a menudo no entienden completamente la importancia de los mercados y son reacios a invertir en ellos. Como resultado, los mercados a menudo están abarrotados, son insalubres e ineficientes. También son un peligro de incendio. Las autoridades locales generalmente ven el mercado como una oportunidad de ganancias en lugar de una institución que requiere inversión. Aunque ha habido un gran desarrollo de los supermercados y el mejoramiento de los vínculos entre las explotaciones agrícolas y la agroindustria, el grueso de los productos alimentarios sigue distribuyéndose por canales más tradicionales, con infraestructura disponible.

Ubicación de la empresa y costos asociados

La ubicación geográfica de una empresa en un determinado lugar, ciudad o región es una decisión estratégica. Tales determinaciones dependerán de ciertos factores que pueden favorecer o perjudicar las actividades económicas presentes y futuras de la Compañía.

A la hora de elegir una ubicación concreta para la casa había que tener en cuenta la superficie, su distribución en planta, su coste y forma de adquisición (alquiler, compra, arrendamiento), la normativa que pudiera afectarle y las futuras ampliaciones.

Ubicación en una localidad La primera decisión que se debe tomar al elegir la ubicación más adecuada para un negocio es identificar la localidad en la que se ubicará, para lo cual es necesario hacer un estudio detallado de una serie de factores, entre ellos son: distancia a mercados y clientes, proximidad a zonas comerciales como distancia del área afectada, densidad poblacional, pirámide poblacional por edad, formación o educación.

Dotación de servicios e industrial de la zona, suministro de agua, luz y teléfono, así como de la infraestructura necesaria para el tipo de empresa que se vaya a implantar.

Las posibilidades de acceso a las materias primas y compradores, cercanía de los proveedores ya que facilita y reduce los gastos de aprovisionamiento derivados del transporte.

La tasa de desempleo, disponibilidad de mano de obra cualificada, así como las posibilidades de subcontratación.

Las ayudas económicas y fiscales, las subvenciones, así como incentivos de la Administración para la creación de empresas en el municipio.

Elección del barrio o zona:

Fuerza de ventas

Un vendedor o equipo de ventas es un grupo de vendedores propiedad de una empresa.

Los vendedores actúan como enlace entre una empresa y sus clientes actuales y potenciales. Por un lado, representa a la empresa ante el cliente, facilitándole información, aconsejándole y aclarando sus dudas.

Por otro lado, representa al cliente ante la empresa y transmite o transmite a la empresa las necesidades, preferencias, gustos, dudas e inquietudes del cliente.

Para que la fuerza de ventas funcione de manera efectiva y así lograr los objetivos de ventas de la empresa, es necesario administrarla adecuadamente.

A continuación las actividades o funciones que componen la dirección o administración de una fuerza de ventas:

1. Organización de la fuerza de ventas:

B. La primera función de la dirección o administración de la fuerza de ventas es su organización.

C. La organización de la fuerza de ventas comienza con una distinción entre la fuerza de ventas interna (vendedores que trabajan dentro de las instalaciones de la empresa) y la fuerza de ventas externa (vendedores que salen a visitar a los clientes).

D. Si hay un vendedor externo, es necesario determinar la estructura de este vendedor, si se quiere utilizar una estructura por región, por producto, por cliente o una combinación de estos:

E. Estructura por geografía: A cada vendedor se le asigna una zona geográfica específica en la que venderá todos los productos o servicios que tiene la empresa. Bajo esta estructura, es posible que el vendedor establezca una relación duradera con el cliente.

F. Estructura del producto: Cada vendedor o vendedores se especializa en vender ciertos productos de la empresa. Esta estructura se utiliza a menudo en empresas con una amplia gama de productos. muy diferentes entre sí.

G. Estructura por cliente: Cada vendedor se especializa en vender a un cliente específico. Esta estructura permite atender a los clientes de acuerdo con sus niveles de gasto, con algunos proveedores que atienden a clientes que compran mucho, mientras que otros atienden a clientes que compran con frecuencia o rara vez.

2. Selección de Proveedores: El éxito de la fuerza de ventas de una empresa depende en gran medida de una buena selección de proveedores.

H. La selección de proveedores comienza identificando los requisitos que debe cumplir un proveedor para postularse a un puesto ofrecido, por ejemplo, identificando la experiencia que le gustaría tener a un proveedor, y algunas de las características que está ofreciendo un proveedor.

I. Una vez que se determinan los requisitos que deben cumplir los solicitantes, se buscan vendedores que cumplan con estos requisitos, por ejemplo, a través de recomendaciones, avisos o anuncios en periódicos o en Internet., agencias de empleo, etc.

J. Luego, una vez que tenemos un número de solicitantes, los evaluamos a través de pruebas y entrevistas y seleccionamos y contratamos al proveedor mejor calificado.

3. Capacitación de la fuerza de ventas: Otra actividad o función de la gestión o administración de la fuerza de ventas incluye la capacitación de la fuerza de ventas.

K. Para los nuevos vendedores es imprescindible introducirlos en las instalaciones de la empresa, a sus supervisores y compañeros, para que conozcan el mercado y los clientes de la empresa, y lo más importante, sobre el producto o servicio que estarán vendiendo.

L. Después de una formación inicial que puede durar semanas o incluso meses, los vendedores se forman de forma permanente, por ejemplo, a través de charlas periódicas, reuniones de ventas, seminarios, cursos, etc.

4. Motivación de los vendedores: La motivación juega un papel importante en la gestión de los vendedores, no solo

ayuda a los vendedores a obtener la mayor cantidad de ventas posible, sino que también evita que se sientan frustrados por los constantes rechazos.

Promoción y publicidad

La publicidad es un objeto de estudio complejo porque contiene múltiples dimensiones: económica, psicológica, sociológica y tecnológica.

La publicidad y la publicidad son un conjunto de técnicas de comunicación, la psicología y la sociología son herramientas muy importantes, seguidas de la economía y la administración.

El desarrollo de marketing tiene en cuenta la necesidad de una buena comunicación para hacer llegar el producto desde la empresa que lo produce hasta el consumidor final, por lo que la promoción se presenta como una mezcla de promoción de cinco partes que esimposible ser dogmático, y que existen otras formas y otros enfoques. Esos cinco componentes son:

- ✓ Publicidad.
- ✓ Ventas personales.
- ✓ Promociones.
- ✓ Relaciones Públicas.

Con algunas excepciones, la publicidad es impersonal en el sentido de que se realiza a través del medio publicitario sin contacto humano directo entre la empresa y el consumidor.

Descuento. Más bien, es de carácter personal porque se basa en el esfuerzo de un equipo de vendedores que mantienen una estrecha relación con el cliente.

Promoción de descuento. Las promociones se consideran como un conjunto completo de herramientas de marketing diseñadas para provocar una respuesta más fuerte e inmediata de los consumidores. Su misión, por lo tanto, es proporcionar incentivos a corto plazo para apoyar los esfuerzos de publicidad y ventas de los empleados en un esfuerzo por aumentar el valor de los productos y hacer que las compras sean más atractivas, rápidas y ricas para los clientes.

CAPITULO III

Estudio técnico

Un estudio técnico permite proponer y analizar diferentes opciones.

La tecnología para producir los bienes o servicios deseados, que además permite verificar la viabilidad técnica de cada uno de ellos. El análisis identificó equipos, maquinarias, materias primas y las instalaciones requeridas para el proyecto y, por tanto, los costos de inversión y operación requeridos, así como el capital de trabajo requerido.

Un estudio técnico es un estudio que propone la determinación del tamaño óptimo de la planta, la determinación de la ubicación óptima de la planta, la ingeniería y organización del proyecto, el análisis administrativo y legal. (Baka, 2010).

Los aspectos relacionados con la ingeniería de proyectos son probablemente aquellos factores que tienen mayor impacto en los costos e inversiones que se deben realizar al implementar un proyecto.

Los estudios técnicos jugaron un papel en el análisis de viabilidad financiera del proyecto y de proveer información para cuantificar el monto de las inversiones y de los costos de operación pertinentes.

Proceso productivo

El concepto de proceso de producción se refiere a la secuencia de operaciones realizadas que son ampliamente necesarias para la producción de un bien o servicio determinado. Cabe señalar, entonces, que las referidas operaciones, acciones se dan de manera dinámica, planificada y continua, que, por supuesto producen transformaciones sustanciales en las sustancias o materias primas utilizadas, es decir, en funcionamiento para la producción de tal o cual Insumo. El producto será modificado para formar el producto, que luego será lanzado al mercado apropiado para su comercialización.

En resumen, queremos mostrar que el proceso de producción o cadena de producción, como se le llama, involucra el proceso desde el diseño del producto en sí, su producción, hasta su consumo por parte del consumidor.

Descripción del proceso de producción.

Productos semielaborados, bienes de capital o bienes de consumo.

Las materias primas son necesarias e indispensables para su trabajo en todas las industrias, sin embargo, debe ser barata y abundante con el fin de garantizar ganancias y abasto suficientes.

Existe una gran variedad de materias primas clasificadas según su origen, por lo que podemos distinguir entre:

Origen orgánico: Actividades del sector primario (agricultura, ganadería, pesca o silvicultura). Son la base de la industria textil (lana, algodón, lino, seda), del calzado (cuer), de la alimentación (verduras, pescado, carne...), etc. Se puede distinguir según su procedencia como materia prima de origen animal o vegetal.

Origen inorgánico o mineral: proceden de la extracción de recursos minerales y son la base de las industrias pesadas y básicas (metalurgia, siderurgia, química, construcción.). Su distribución en la corteza terrestre es irregular, algunos minerales son muy ricos, mientras que otros son relativamente raros. Casi todos los minerales deben sufrir alguna transformación antes de que puedan ser utilizados para un uso industrial posterior. Los recursos minerales aptos para uso industrial se clasifican como minerales metálicos (para la obtención de hierro, aluminio, cobre, etc.); como minerales no metálicos (aquellos usados para la obtención de sal, fertilizantes...); y como rocas industriales (utilizadas para la construcción como el yeso para fabricar escayolas, la caliza para fabricar cementos, y para la ornamentación, como el granito, el mármol, etc.).

Origen químico: Podemos tomar como tercer tipo de materia prima un grupo de materiales que no proceden directamente de la naturaleza, sino que se obtienen artificialmente mediante procedimientos químicos, pero que son la base de muchas otras industrias, como la del plástico o las fibras sintéticas.

Al igual que la energía, no todas las materias primas son inagotables, es decir, su consumo es limitado porque no se regeneran. Estas materias primas limitadas se denominan no renovables, por ejemplo, materias primas de origen inorgánico. Por el contrario, las de origen animal y vegetal pueden considerarse como materias primas renovables, porque se reproducen, y su consumo no significa el fin del recurso, sino que otras plantas y animales lo sustituirán. Sin embargo, aquellos animales y plantas que viven solos en la naturaleza y no han sido cultivados o criados por humanos también están en peligro de extinción si los humanos los desarrollan más rápido.que su reproducción natural (el caso de los caladeros de pesca agotados por la sobreexplotación, o los espacios deforestados por la explotación maderera).

Localización mundial de las materias primas.

La irregular distribución de materias primas en el mundo ha provocado un intenso comercio entre diferentes países. La presencia de recursos minerales u otras materias primas en un país no está directamente relacionada con el desarrollo económico o industrial de ese país. Así, algunas zonas ricas en recursos naturales no tienen un desarrollo industrial paralelo, sino que exportan recursos directamente sin transformación, o solo realizan la primera etapa del proceso productivo (países africanos o latinoamericanos); mientras que otras sin grandes recursos naturales hay bastante alto desarrollo industrial (Japón). En términos generales, los principales productores de materias primas coinciden con los países subdesarrollados y los principales países consumidores coinciden con los países desarrollados. Hay excepciones, como Estados Unidos, Rusia y otros grandes países desarrollados, mientras que grandes productores y consumidores de materia prima.

Materias primas

Productos semielaborados, bienes de capital o bienes de consumo.

La materia prima es necesaria y esencial para el funcionamiento de todas las industrias, pero debe ser barata y abundante para asegurar ganancias y suministros adecuados.

Existe una gran variedad de materias primas clasificadas según su origen, por lo que podemos distinguir entre:

Origen orgánico: Actividades del sector primario (agricultura, ganadería, pesca o silvicultura). Son la base de la industria textil (lana, algodón, lino, seda...), del calzado (cuero.), de la alimentación (verduras, pescado, carne...), etc. Se puede distinguir según su procedencia como materia prima de origen animal o vegetal.

Fuentes inorgánicas o minerales: proceden de la extracción de recursos mineros y son la base de las industrias pesadas y básicas (metalurgia, siderurgia, química, construcción...). Su distribución sobre la corteza terrestre es irregular, muy rica en minerales y más escasos. Casi todos los minerales deben sufrir algunas transformaciones para su uso industrial posterior. Los recursos mineros aptos para el uso industrial se clasifican como minerales metálicos (aquellos utilizados para la obtención de hierro, aluminio, cobre, etc.); como minerales no metálicos (aquellos usados para la obtención de sal, fertilizantes...); y como rocas industriales (utilizadas para la construcción como el yeso para fabricar escayolas, la caliza para fabricar cementos, y para la ornamentación, como el granito, el mármol, etc.).

Origen químico: podemos incluir como tercer tipo de materia prima a un grupo de materiales que no proceden directamente de la naturaleza, sino que se obtienen artificialmente por procedimientos químicos, pero que sirven de base para otras muchas industrias, tales como los plásticos, o las fibras sintéticas.

Localización mundial de las materias primas

La irregular distribución de materias primas en el mundo ha provocado un intenso comercio entre diferentes países. La presencia de recursos minerales u otras materias primas en un país no está directamente relacionada con el desarrollo económico o industrial de ese país. Así, algunas zonas ricas en recursos naturales no tienen un desarrollo industrial paralelo, sino que exportan recursos directamente sin transformación, o solo realizan la primera etapa del proceso productivo (países africanos o latinoamericanos); mientras que otras sin grandes recursos naturales hay bastante alto desarrollo industrial (Japón). En términos generales, los principales productores de materias primas coinciden con los países subdesarrollados y los principales países consumidores coinciden con los países desarrollados. Hay excepciones, como Estados Unidos, Rusia y otros grandes países desarrollados, que son grandes productores y consumidores de materia prima.

Disponibilidad de capital y mano de obra

En economía, la definición de capital no es específica. En un sentido estricto, el capital es una abstracción contable: son bienes y derechos (el elemento patrimonial de un activo) menos deudas y obligaciones (pasivos), todos los cuales son propiedad de los capitalistas. Así, se dice que una empresa se capitaliza o capitaliza cuando aumentan sus activos o disminuyen sus pasivos o se forman nuevos aportes de capital de los socios o disminuyen las deudas con terceros. Cuando los pasivos son mayores que los activos, se dice que la unidad económica está en un estado de capital negativo. Sin embargo, bajo el enfoque crudo, el capital se entiende como el componente puramente material de la producción, que consiste esencialmente en máquinas, herramientas o instalaciones que, combinadas con otros factores como la mano de obra, las materias primas y los productos intermedios, permiten la creación de bienes de consumo. (español, 2016).

Mano de obra

La mano de obra se refiere a la energía física y mental puesta al servicio de la fabricación de un bien. El concepto también se utiliza para nombrar al costo de este trabajo, es decir, el precio que se le paga.

Debido a la incoherencia de la palabra "Mano de Obra", la definición hace referencia a la "Obra de mano o de manos", que tiene más sentido si se dice que las obras o trabajos son ejecutados por personas, trabajadores que por su esfuerzo físico y mental fabrican un bien.

La obra de mano puede clasificarse en directa o indirecta. La obra de mano directa es aquella involucrada de forma directa en la fabricación del producto terminado. Se trata de un trabajo que puede asociarse fácilmente al bien en cuestión.

La obra de mano es más barata en países como India o China porque a los trabajadores no se les paga un seguro de vida, entre otras cosas.

Tecnología del producto o servicio

Toda tecnología se origina a partir de una nueva idea, evento o forma, una innovación. Esta idea o innovación tiene que pasar por un proceso de prueba antes de convertirse en tecnología. Este proceso incluye los siguientes pasos:

Surge o se reconoce la necesidad de encontrar procedimientos, materiales o productos más efectivos.

Surgen ideas o innovaciones.

Creación de prototipos (en el caso de un nuevo producto) o prueba (en el caso de un nuevo programa o sistema) para evaluar el funcionamiento y el potencial futuro de una innovación.

Evaluar el costo de implementar la innovación.

Implementar la innovación, no sin antes formar a los responsables de la misma.

Importancia de la tecnología

La tecnología se refiere al conjunto de herramientas que facilitan el uso, la creación, la gestión y el intercambio de información. Al principio de los tiempos, los humanos lo utilizaron para el proceso de descubrimiento del mundo y la evolución. La tecnología es el conocimiento y uso de herramientas, técnicas y sistemas para servir a un propósito mayor, como resolver un problema o hacer la vida más fácil y mejor. Su importancia para los humanos es enorme ya que les ayuda a adaptarse a su entorno.

El desarrollo de alta tecnología ayuda a superar las barreras de comunicación y reducir la brecha entre las personas de todo el mundo. Los lugares distantes se acercan cada vez más, por lo que el ritmo de vida se acelera. Las cosas que antes tomaban horas ahora se pueden hacer en segundos. El mundo se ha vuelto más pequeño y el ritmo de vida se ha acelerado.

Tomemos como ejemplo los dispositivos móviles: cuanto más rápido se mueve el mundo, más avances tecnológicos ofrece. Las computadoras portátiles son cada vez más delgadas, pequeñas y compactas cada año, y ofrecen más funciones y un rendimiento superior. Deben ser capaces de procesar grandes cantidades de información de una manera más rápida y concisa. Lo mismo ocurre con los teléfonos móviles, basados en la necesidad de comunicarse en cualquier momento y en cualquier lugar, los teléfonos móviles son cada vez más pequeños, con más y más funciones, juegos, entretenimiento y aplicaciones. Casi como una computadora de bolsillo. Como si eso no fuera suficiente, su precio de mercado cayó rápidamente con los nuevos lanzamientos y se volvió más accesible.

Selección de la tecnología

En los negocios, la tecnología incluye las habilidades, técnicas, procedimientos, equipos y sistemas para realizar el trabajo. Cuando las empresas diseñan o rediseñan sus subsistemas operativos, deben tomar decisiones relacionadas con métodos y equipos, decisiones relacionadas con la tecnología utilizada para producir bienes y servicios. El éxito o el fracaso de elegir la tecnología adecuada tiene importantes implicaciones estratégicas para una empresa.

Las diferentes tecnologías utilizadas por una empresa no necesariamente tienen el mismo impacto competitivo. El dominio de uno es una condición para el éxito, ya que afecta el costo y la diferenciación, mientras que las contribuciones de otros pueden ser menos importantes, porque tienen poco impacto en las metas antes mencionadas, o porque son accesibles para todos los componentes de una industria.

Podemos dividir las tecnologías en tres categorías: tecnologías básicas, tecnologías clave y tecnologías emergentes.

Las básicas son utilizadas intensamente por la empresa, pero que están al alcance de cualquier competidor. En muchos casos, su dominio les permite conseguir una ventaja competitiva temporal, pero no sostenida.

Las claves son las que, en un momento dado, ejercen el mayor impacto; constituyen la fuerza conductora de la competencia y la fortaleza, que las distintas firmas tienen en relación con ellas, se refleja en sus posiciones competitivas. Su dominio se convierte en una cualidad distintiva e indispensable, necesaria para aquellas entidades que quieren alcanzar el éxito en un determinado proyecto.

Medios de adquisición de la tecnología. Análisis de cotización de fabricantes

El precio de un valor es el precio alcanzado por ese valor en el mercado de valores. El precio está determinado por la oferta y demanda existente de ese valor, la cual está altamente influenciada por diferentes factores. Entre los factores que inciden en la formación de precios podemos distinguir:

1. Factores propios del mercado de valores, tales como: la seguridad y solidez de la empresa emisora del valor, la rentabilidad que ofrece el valor, la evolución histórica de su cotización y el clima bursátil, conjunto de factores que pueden conducir psicológicamente a fuertes subidas y bajadas.

2. Factores externos en el mercado de valores, tales como:

✓ Medidas políticas, especialmente medidas fiscales para inversores y privatización de sociedades cotizadas.

✓ La evolución de los tipos de interés, cuanto menor es el tipo al que una entidad paga los depósitos de los clientes, mayor es el número de inversores que entran en bolsa en busca de fondos de una mayor rentabilidad.

✓ La evolución de la economía nacional.

✓ La situación de las bolsas internacionales sobre todo WalkStreet y Tokio.

✓ Las noticias internacionales.

Diagramas de flujo de proceso

Un diagrama de flujo es una representación gráfica del flujo o secuencia de una rutina simple. Tiene la ventaja de indicar la secuencia de procesos involucrados, las unidades involucradas y las personas responsables de realizarlos, es decir, se convierte en una representación simbólica o pictórica de los procedimientos administrativos.

Objetivo:

Representar gráficamente las diferentes etapas de un proceso y sus interacciones para facilitar la comprensión de su funcionamiento. Ayuda a analizar los procesos actuales, sugerir mejoras, comprender a los clientes y proveedores en cada etapa, demostrar el control y más.

ventaja

Ayudan a entenderlo a quienes trabajan en el proceso, facilitando así su integración en la organización e incluso su colaboración en la búsqueda de mejoras y defectos del proceso.

Al presentar el proceso de manera objetiva, es más fácil identificar claramente las mejoras a proponer.

Permite que todas las personas de la empresa se ubiquen en el proceso, pudiendo así identificar perfectamente a los clientes internos y proveedores en el proceso y su cadena de relaciones, mejorando en gran medida la comunicación entre los departamentos de la organización y las personas.

Por lo general, los involucrados en el desarrollo de un diagrama de flujo tienden a apoyarlo con entusiasmo, por lo que continuamente presentan ideas para mejorarlo.

Se puede observar que los diagramas de flujo son herramientas muy valiosas para la orientación y capacitación de los nuevos reclutas.

Maquinaria o equipo requerido

Antes de seleccionar máquinas y equipos, la información debe recopilarse adecuadamente a través de los fabricantes de equipos, publicaciones comerciales, asociaciones de ventas, perfiles de empresas y más. Deben distinguirse dos fases que intervienen en cualquier proceso de selección:

Seleccione un tipo de equipo para especificar propuestas y - elija entre diferentes equipos dentro del tipo seleccionado para decidir entre propuestas. Para este proyecto, la elección del tipo de equipo es particularmente importante, y los criterios de evaluación para la mejor elección están determinados por los siguientes factores:

Todos los equipos y máquinas tienen ciertas características técnicas que influyen en la elección, algunas de las cuales podemos citar a continuación:

- Acondicionamiento: Característica que indica que un equipo o maquinaria puede tener requisitos para su buen funcionamiento.
- Activación: El funcionamiento del dispositivo si es fácil o si hay algunas dificultades.
- Capacidad y velocidad:
- Esto estará ligado a la capacidad de producción de la fábrica.
- Características operativas: Indica si un dispositivo tiene una característica específica.
- Simultaneidad: Si puede operar en conjunto con otras máquinas o equipos, o si puede producir uno o más productos.

Tiempo y espacio

Toda organización tiene que dejar de ser un equipo All-Star y comenzar a ser un equipo All-Star."

Desde un primer punto de vista, si tuviéramos que comparar dos estructuras empresariales en el mercado, podríamos decir que la estructura sin procesos descentralizados o tercerizados y basada en un modelo piramidal de gestión y toma de decisiones es en realidad más lenta por ser una estructura más pesada, similar a una supernova, y la gravedad resultante será un producto abrumador de la demanda del mercado.

Por el contrario, una organización con procesos descentralizados o tercerizados, ya que no todos los procesos no forman parte de su core business, y tiene un modelo estructural más horizontal, en este caso similar a nuestro sistema planetario, con el sol iluminando a los demás. En el centro es capaz de tomar decisiones de forma más independiente y es más ágil en el mercado porque son más ligeros podrán seguirle el ritmo al mundo exterior y adaptarse al constante cambio que se da en el mismo.

Entonces, la empresa con la estructura más liviana puede acelerar el mercado y adelantarse a la competencia, o en el mejor de los casos, ambas cosas.

Por otro lado, desde un punto de vista fundamental, podemos decir que aquí lo que se busca es aumentar el peso de todo el sistema, porque al tratarse de temas como la visión, misión y valores de la organización, se debe aumentar su propio peso para la calidad de su propio desarrollo. Pero, ¿por qué añadir peso ahora?

Pues sencillamente porque en este caso, al aumentar la calidad del ideario organizacional ganaremos mayor fuerza de gravedad, que, dicho sea de paso, podemos representar a través del compromiso de sus integrantes y la lealtad de sus clientes.

Distancia de conducción/transporte.

Introduciendo un Sistema de Transporte Eficiente: Un sistema de transporte eficiente y económico ayuda a mejorar la competencia en el mercado y contribuye a una mayor economía de escala en la producción y a la reducción de precios bienes.

Mayor competencia: además de impulsar la competencia directa, el transporte de alta calidad y bajo costo también genera competencia indirecta, ya que puede proporcionar bienes que no pueden estar disponibles en el mercado al aumentar las ventas de productos.

Economías de escala: El transporte de bajo costo también permite la descentralización de mercados y lugares de producción. Esto proporciona cierta libertad para elegir dónde fabricar para que la producción se pueda ensamblar.

Opciones de servicio y sus características: Para ayudar a abordar la selección del servicio de transporte, esto debe verse en términos de las características fundamentales de todos los servicios, tales como: precio, tiempo de tránsito y variabilidad en pérdidas y daños.

Pérdidas, denuncias, daños y trazabilidad: Esta variable hace referencia a la necesidad de investigar previamente a la empresa para evitar perjuicios, denuncias de todo tipo, avergonzar a nuestros clientes y otro tipo de retrasos.

Consideraciones del mercado del consignatario: se refiere a los factores enfatizados por los consignatarios para que los transportistas puedan tomar mayores precauciones.

Por ejemplo, en los Estados Unidos, los destinatarios valoran la seguridad y la responsabilidad más que el costo y otros factores.

Consideración del Transportista: Se refiere a las restricciones de transporte de la compañía.

Equilibrio de costos básicos

Cuando el transporte no se utiliza para obtener una ventaja competitiva, la ventaja óptima del servicio se encuentra en la compensación entre el costo de usar un servicio de transporte en particular y los costos generales de inventario, y se relaciona con el desempeño del modo elegido. Es decir, cuanto más lento y menos confiable sea el servicio que elija, mayor será su inventario.

Necesidades de inventario

El inventario es un conjunto de bienes o artículos con los que una empresa tiene que comerciar, lo que permite comprarlos y venderlos o fabricarlos antes de venderlos en un período económico determinado.

Es uno de los mayores activos existentes de la compañía. El inventario aparece en el balance general y en el estado de resultados. El inventario suele ser el activo corriente más grande en un balance general. En el estado de resultados, el inventario final se resta del costo de los bienes disponibles para la venta para determinar el costo de los bienes vendidos durante un período determinado.

El inventario es un activo tangible mantenido para la venta en el curso ordinario del negocio o consumido en la producción de bienes o servicios para su posterior comercialización. Los inventarios incluyen el trabajo en curso y los productos terminados, además de las materias primas o mercancías para la venta, los materiales, repuestos y accesorios para ser consumidos en la producción de bienes fabricados para la venta o en la prestación de servicios; empaques y envases y los inventarios en tránsito.

La contabilidad de inventario es una parte muy importante del sistema de contabilidad de productos básicos porque la venta de inventario es el núcleo del negocio. El inventario suele ser el activo más grande en su balance general, y los gastos de inventario (conocidos como costo de los bienes vendidos) suelen ser el gasto más grande en el estado de resultados.

Las empresas dedicadas a la compra y venta de bienes, por ser esta su función principal y desencadenante de todas las demás operaciones, necesitan agregar y analizar constantemente la información de sus inventarios, lo que obliga a la apertura de una serie de operaciones mayores y subcuentas relacionadas con estos controles.

Métodos y equipos de producción

En general, se acepta que los sistemas de producción tradicionales se dividen en tres tipos: producción por encargo, producción por lotes y producción continua. El cuarto tipo se denomina tecnología de grupo. Estos tipos de sistemas no están necesariamente asociados con el volumen de producción, aunque si es una característica más.

Es importante darse cuenta de que el tipo de producción determina el sistema organizativo y, en gran medida, la distribución de los equipos. Cada tipo de producción tiene características específicas y requiere condiciones diferentes para que se implemente y funcione de manera efectiva, y veremos qué hace a continuación:

Producción por trabajos o bajo pedido

Es el que utilizan las empresas y se produce solo después de recibido un pedido o pedido de producto. Solo después de que se haya firmado un contrato o pedido para un determinado producto, la empresa lo especifica. Primero, llevar el producto al mercado. Después de recibir el pedido, se realiza un análisis más detallado del trabajo a realizar de acuerdo con el plan proporcionado en la cotización del cliente. Este análisis de puestos implica.

➢ Una lista de todos los materiales necesarios para completar el trabajo encargado.

➢ Una lista completa de trabajos a realizar, desglosados por horas de trabajo para cada especialidad.

➢ Un plan detallado de secuencia cronológica, que indique cuando deberá trabajar cada tipo de mano de obra y cuándo cada tipo de material deberá estar disponible para poder ser utilizado.

Requerimientos de personal

Proyectar planes de la forma más absoluta posible para llenar la vacante inevitable en la organización, esperar a que surja la vacante y luego llenarla lo mejor posible.

La mayoría de los gerentes usan este sistema y puede funcionar bastante bien en organizaciones pequeñas. Sin embargo, para las empresas más grandes (y los gerentes que quieren evitar problemas y errores de última hora), vale la pena hacer un poco de planificación y previsión.

Sin embargo, vale la pena recordar que, para que sea útil, la planificación del personal debe integrarse interna y externamente. Los programas internos de reclutamiento, selección, colocación, capacitación y evaluación se desarrollan de tal manera que los programas de capacitación de la organización reflejen sus planes para reclutar y seleccionar nuevos empleados.

Proveedor

Un proveedor es una persona o empresa que suministra algo a otra empresa o a una comunidad. El término procede del verbo proveer, que hace referencia a suministrar lo necesario para un fin.

Estos inventarios comprados están destinados a la actividad o negocio principal de la empresa a la que se le compraron estos artículos.

Por ejemplo, una empresa de carpintería necesita proveedores de madera para su actividad principal, que es la fabricación de sillas de madera. Esta es una cuenta de pasivo, ubicada en el lado derecho del balance general.

Por otra parte, existen servicios que, como su propio nombre indica, no ofrecen cosas materiales, sino una acción que permite a sus clientes realizar sus actividades con plena satisfacción. En otras palabras, las empresas que prestan servicios a otras empresas se denominan proveedores de servicios.

El negocio más común para los proveedores de servicios es ofrecer suscripciones o contratos. La telefonía móvil, el acceso a Internet y el alojamiento de sitios web son algunos de los negocios del proveedor de servicios.

Los proveedores deben acatar los términos y condiciones de entrega de sus productos o servicios para evitar conflictos con la empresa a la que abastecen. En muchos casos, estas compañías tienen que tener un departamento de soporte o atención técnica, ya que las interrupciones del servicio causan grandes problemas al cliente.

Localización y condiciones de abastecimiento

Disponibilidad:

Es predecir la disponibilidad de los servicios requeridos por el proyecto.

En el estudio de materias primas y aprovisionamiento se analiza la disponibilidad en términos de cantidades existentes y plazos de producción, así como precio de compra, transportabilidad, etc. Además de la disponibilidad de materias primas, también es necesario conocer las fuentes de donde se obtienen los materiales secundarios o auxiliares en el proceso de producción de los bienes o servicios de que se trate.

En muchos casos, los planificadores de proyectos se ven obligados a ubicar fábricas cerca de la fuente de materias primas. También facilita la determinación del costo unitario de transporte de materias primas, insumos y servicios, cuantificando la distancia que se debe recorrer y procurando minimizar los costos totales de transporte.

Condiciones de suministro:

Los productores de innumerables materias primas escasas han establecido condiciones favorables para ellos, tales como precios altos, entrega a sus propias fábricas, financiamiento previo por parte de los clientes, etc. cuando existen pocos productores de una materia prima, el proveedor puede transmitir al cliente diversos gastos y ahorrar el costo de fletes. Por el contrario, existen clientes muy poderosos que, debido a los volúmenes que adquieren, pueden tener influencia en los precios, lugar de entrega e incluso créditos.

Las condiciones de suministro también pueden ser de otra naturaleza. Este es el caso cuando el desarrollo de ciertas materias primas requiere una licencia o concesión. Es prácticamente imposible obtener información si no se cumplen los requisitos.

Determinación del tamaño de la planta:

La capacidad de producción especificada para el proyecto estará determinada por varios factores tales como la existencia de demanda insatisfecha, la posibilidad de suministrar materias primas en calidad y cantidad suficiente, la tecnología y equipos disponibles, y la disponibilidad de recursos financieros para implementar y operar el proyecto. A la larga, se valorará el impacto de los procesos seleccionados ya que afectarán el desarrollo de las actividades, los costos de producción, la calidad del producto y la flexibilidad del sistema productivo.

El primer enfoque se caracteriza por la fabricación de lotes utilizando tamaños de lotes pequeños y diversidad de modelos, por lo que la producción se administra y organiza para realizar varios procesos a la vez. Esto proporciona flexibilidad al sistema productivo, ya que se conceptualizan para realizar gran variedad de procesos y maniobrar frecuentes cambios de modelos de producto.

Por otro lado, otro método (sistema de producción continua) se caracteriza por el uso de lotes de fabricación con tamaños de lote grandes y menos modelos de productos. Como solución de "producción en masa", no son muy flexibles a los cambios de producto en la línea de producción.

Con el fin de dar flexibilidad a la línea de producción, en la última década del siglo XX apareció una nueva dirección en el sistema de producción, que podemos definir como un sistema de producción modular (enfoque de tareas repetitivas), que consiste en un complejo de procesos de moldeo basado en procesos simples (módulo).

Estándar de evaluación

Una vez que un proveedor es aprobado, es imperativo asegurarse de que las expectativas establecidas inicialmente se mantengan en el tiempo. Por lo tanto, se debe realizar una evaluación continua para asegurar que el proveedor cumpla permanentemente con los requisitos establecidos.

El primer paso para evaluar a un proveedor es definir los criterios que van a ser tenidos en cuenta. La evaluación debe incluir los siguientes criterios:

1. Calidad de los materiales. El estándar mide el cumplimiento del proveedor con las especificaciones definidas por la empresa, es decir, la medida en que entrega exactamente lo que se solicita. Para evaluar la calidad del suministro se tienen en cuenta los resultados del control de recepción y las posibles incidencias que puedan surgir durante la elaboración del producto suministrado.

2. La fiabilidad del plazo de entrega. Mide qué tan bien los proveedores se adhieren a los plazos de entrega fijos. En algunos casos, este criterio es importante porque la entrega tardía de materias primas puede detener el proceso de producción.

3. Flexibilidad del proveedor. Este estándar refleja qué tan bien el proveedor se adapta a las necesidades de la empresa. Por

ejemplo, la capacidad de responder a pedidos urgentes imprevistos.

4. Confiabilidad de la Información. Las relaciones aquí son valiosas administrativa con el proveedor: la calidad de sus ofertas, la fiabilidad de sus albaranes y facturas, el cumplimiento de plazos en la facturación.

Alianzas estratégicas

Una alianza estratégica es una relación entre dos o más entidades que acuerdan compartir recursos para lograr objetivos mutuamente beneficiosos. Por ejemplo, una empresa fabrica y distribuye un producto en Estados Unidos y quiere venderlo en otros países. Otra empresa quiere expandir su línea de productos con el tipo de producto producido por la primera empresa y tener un canal de distribución global. Las dos empresas forman una alianza para ampliar la distribución del producto de la primera empresa.

Una alianza estratégica exitosa es mutuamente beneficiosa para ambas empresas involucradas. Todos deben ver claros beneficios del acuerdo. Deben aclararse las responsabilidades de cada empresa en la implementación de la alianza. Ambas partes deben estar de acuerdo en los objetivos de la relación y ser flexibles y adaptables en la forma en que opera la alianza. Cada empresa puede tener una cultura y un enfoque diferente de hacer negocios.

Pasos básicos:

Para asegurar una alianza estratégica, defina el tipo de socio que está buscando y las características ideales de un socio.

Identifique claramente qué ventajas puede ofrecer a la otra parte y por qué un socio potencial querría desarrollar una relación con usted. Crear una lista de candidatos potenciales para la coalición. Si es posible, comuníquese con socios afiliados a través de alguien que ambos conozcan. Si eso no es posible, escriba directamente indicando su interés y solicitando la oportunidad de explorar una relación. Organice una reunión exploratoria y, si está interesado, cree una carta de entendimiento que describa cómo los socios trabajarán juntos y usarán el dinero. Haga que su abogado prepare un acuerdo formal que ambas partes puedan firmar.

ventaja:

Las alianzas estratégicas permiten a las empresas buscar oportunidades más rápidamente al aprovechar los recursos y el conocimiento de los demás. necesita menos. Se necesitan menos recursos.

CAPITULO IV

Estructura organizacional

La estructura organizativa de una empresa u otro tipo de organización es el concepto jerárquico básico de afiliación dentro de entidades que colaboran y contribuyen a la consecución de un fin común. Una organización puede estructurarse de diferentes formas y estilos, dependiendo de sus objetivos, circunstancias y medios disponibles. La estructura de una organización determinará cómo opera en el mercado y qué es capaz de lograr.

Así, la estructura organizativa de una empresa u organización permite la clara asignación de responsabilidades para diferentes funciones y procesos a diferentes personas, departamentos o filiales.

El organigrama de una empresa permite la construcción de diferentes responsabilidades y relaciones internas. Un organigrama presenta gráficamente diferentes aspectos dentro de una empresa. Los más famosos son generalmente, pero esto puede variar de una región a otra, o según los estándares.

Un organigrama es una representación gráfica de una empresa o cualquier otra estructura organizacional, incluye estructuras departamentales y, en algunos casos, las personas que las dirigen, quienes desarrollan un esquema de relaciones de jerarquía y competencia.

Un organigrama es un modelo abstracto y sistemático que permite obtener una idea unificada y completa de la estructura formal de una organización:

o Cumple una función informativa.

o Muestra todos los elementos del poder, los niveles de la jerarquía y las relaciones entre ellos.

o En un organigrama, no tienes que encontrar toda la información para entender la estructura general de tu empresa.

o Todo organigrama promete cumplir los siguientes requisitos:

o Debe ser fácil de entender y fácil de usar.

o Debe contener sólo elementos básicos.

¿Para qué sirve un organigrama?

Asignación de Responsabilidades: El organigrama requiere para su realización un esquema, en el que se enumeren las tareas a realizar y los responsables.

Establecer relaciones de autoridad y coordinación: Este esquema también facilita el etiquetado de canales de comunicación y jerarquías al momento de establecer un centro de control.

Tipos de organigramas:

✓ Vertical: Muestra la jerarquía según la pirámide de arriba a abajo.

✓ Horizontal: Muestra la jerarquía de izquierda a derecha.

✓ Híbrido: Es una combinación entre horizontal y vertical.

✓ Círculo: La máxima autoridad está en el centro, y alrededor de él se forman círculos concéntricos, y la autoridad decrece a su vez.

✓ Escalar: La sangría se usa para indicar autoridad, cuanto mayor sea la sangría, menor será la autoridad del puesto.

✓ Tablas: En realidad escalares, nada más solo que el tabular no lleva líneas que unen los mandos de autoridad.

Es importante tener en cuenta que ningún organigrama puede ser fijo o invariable. Es decir, un organigrama es una especie de fotografía de la estructura de una organización en un momento determinado. (Un organigrama es como una foto general de una empresa, pero para determinar el capital humano se considera jerárquicamente a cada uno de sus integrantes, incluyendo sus características).

Capital humano

Como término económico y sociológico, el concepto de capital humano se refiere a la riqueza que se puede poseer en una fábrica, empresa o institución en relación con la cualificación de las personas que trabajan en ella, es decir, el nivel de formación que poseen, la encomiable experiencia acumulada por cada individuo, número de empleados y productividad resultante.

En este sentido, el término capital humano representa el valor asumido del número de empleados de una institución (en todos los niveles) en términos de su educación, conocimientos, habilidades y destrezas.

En resumen, el capital humano es el conjunto de recursos humanos que componen una empresa o empresa.

El capital humano de una empresa es sin duda uno de los factores más importantes a la hora de evaluar su desempeño integral, así como de proyectar sus posibilidades futuras, ya que, si los empleados son capaces de producir adecuadamente y maximizar los resultados de la empresa, se pueden planificar desafíos a corto y mediano plazo porque casi seguro que podrán afrontarlos de forma eficaz y satisfactoria.

Identificar necesidades. (Las necesidades se encuentran en toda la empresa, podemos observar FODA cuando la necesidad surge de las debilidades, pero si no incluimos aspectos relacionados con las personas de los resultados, entonces tenemos que observar qué características faltan para crear lecciones más adelante. Basado en estas áreas de oportunidad).

La detección de necesidades de formación o el diagnóstico de necesidades de formación es un proceso estructurado y orientado al desarrollo de planes y programas para el establecimiento y fortalecimientos de conocimientos, habilidades o actitudes en los participantes de una organización, con la finalidad de contribuir en el logro de los objetivos corporativos y personales.

Existe una necesidad de formación cuando existe una brecha entre los requisitos de una persona para realizar sus tareas y tareas de manera competente y sus capacidades actuales y futuras deseadas. DNC (Deteccion de necesidades de formacion) es la forma de determinar si se necesita capacitación para llenar este vacío.

La identificación de las necesidades de formación es fundamental para la mejora de toda organización. Esto permitirá identificar áreas de oportunidad y trabajar en ellas, convirtiendo al capital humano de la organización en un gestor de ventaja competitiva. Recordemos que el desarrollo del talento permitirá a cada colaborador alcanzar sus metas personales y las requeridas por el puesto, al culminar se lograrán las metas del departamento y en definitiva de la organización. Brinda al colaborador los conocimientos, herramientas necesarias y actitudes para desempeñar adecuadamente su trabajo, generando en él y ella, por añadidura mayor motivación, al elevar sus competencias para trabajar mejor y más rápida y eficientemente.

La identificación de las necesidades de capacitación es responsabilidad del departamento de Recursos Humanos, el cual identifica y prioriza estas necesidades en coordinación con el jefe de la unidad administrativa, y por otro lado, se encarga de utilizar diversos métodos, como la asesoría de expertos, para determinar el impacto de la falta de formación y mejor comprensión del problema.

Los principales métodos utilizados para identificar las necesidades de formación son:

Evaluación del desempeño: A través de la evaluación del desempeño, podrá conocer el éxito y fracaso de los colaboradores en el proceso de desempeño de sus tareas y responsabilidades, a fin de determinar el grado de satisfacción o insatisfacción con el cumplimiento de sus obligaciones, y fortalecer sus conocimientos; también ayuda a encontrar Identificar qué áreas de la empresa necesitan la atención inmediata de los responsables de formación.

A través de la observación, es posible comprender las debilidades de los colaboradores y verificar si existen evidencias de ineficiencia en el trabajo, como daños excesivos en los equipos, retrasos en los horarios, pérdida excesiva de materias primas, aumento de los problemas disciplinarios, ausentismo de alta eficiencia, etc. Al observar el cumplimiento de los procedimientos de trabajo, es necesario saber cómo detectar quién no comprende completamente las tareas y cuándo las realizan incorrectamente o tienen fallas o brindan información incorrecta. La observación es una de las técnicas más utilizadas para diagnosticar las necesidades de formación, frente a la evaluación y calificación para los certificados y diplomas de formación, que a menudo se evocan como "toque humano".

Cuestionarios: Realice encuestas a través de cuestionarios y listas de verificación que resalten las necesidades de capacitación.

Entre ellos tenemos:

A. Encuestas de empleados. Consiste en una serie de preguntas que imprimen al colaborador, para conocer las necesidades de capacitación. Las encuestas deben tener espacio que permitan al encuestado escribir sus criterios, vivencias, dificultades y posibilidades, así como las respuestas concretas acerca de las áreas de conocimientos que desea y necesita ser capacitado. Es conveniente preguntar al personal si tiene necesidades de capacitación. Esto puede establecerse mediante entrevistas o a través de encuestas que determinen con precisión diferentes tipos de necesidades.

B. Requerimientos de Supervisores, Jefes y Gerentes: Esta es una forma ampliamente aceptada porque el jefe o supervisor sabe de manera muy específica cuando una persona necesita capacitación, ya que los colaboradores continuamente tienen éxito y cometen errores en el cumplimiento de su responsabilidad, consciente de esta realidad, los propios gerentes y supervisores se han inclinado a exigir que sus empleados sean capacitados.

C. Entrevistas con supervisores, jefes y gerentes: El contacto directo con supervisores y gerentes sobre posibles problemas que pueden ser abordados a través de capacitaciones es una buena medida porque entienden el desarrollo y aplicación de los conocimientos, habilidades y destrezas de los colaboradores en el desempeño de sus funciones y responsabilidades. Los gerentes de línea generalmente saben qué personas o personas no necesitan capacitación.

D. Análisis de Costos: A través de esta técnica, podemos entender y definir lo que se quiere en cuanto a aptitudes, conocimientos y capacidad, hace que se puedan preparar programas adecuados de capacitación para desarrollar la capacidad y proveer conocimientos específicos según las tareas, además de formular planes de capacitación concretos y económicos y de adaptar métodos didácticos. Revisar la descripción de funciones para cada cargo y señalar las habilidades críticas que requiere la persona que ocupa el puesto. Si algún colaborador no tiene los conocimientos necesarios para su posición, éstos deben incluirse en el programa de capacitación y la persona que carezca de ellos debe asistir a los módulos correspondientes del curso.

E. Indicadores a priori: Estos eventos, en caso de producirse, proporcionarán necesidades formativas futuras fácilmente previsibles. Los indicadores anteriores son:

F. Crecimiento y desarrollo de la empresa y aceptación de nuevos colaboradores.

- Reducir el número de colaboradores.

- Cambiar los métodos y procesos de trabajo.
- Reemplazo o transferencia de personal.
- Ausencias, licencias y vacaciones de los empleados.
- Ampliar el alcance de los servicios.
- Modernización de maquinaria y equipo.
- Producción y comercialización de nuevos productos o servicios.
- Indicadores posteriores: Son problemas causados por necesidades de formación no cubiertas. Estos problemas suelen estar relacionados con la producción o el personal y sirven como diagnósticos de capacitación.

Cambia de táctica. (Estos se basan en las formas en que detectamos cambios significativos en la empresa, por lo que este punto está relacionado con el punto anterior, tenemos que analizar qué haremos para corregirlo o mejorarlo).

Condiciones para el éxito. Por supuesto, cualquier organización que quiera implementar un plan de acción de cambio puede lograrlo, siempre que la estrategia se diseñe de acuerdo con sus necesidades, se cuente con la participación de personas relevantes y no haya grandes sorpresas, sin importar en qué estado se encuentren. Hay muchos factores que pueden afectar las metas o el logro del cambio, mientras que otros trabajan en contra, dificultándolo; mientras que los expertos sugieren que ciertas condiciones pueden facilitar la transición, la alta gerencia puede motivarlos gradualmente para crear el ambiente adecuado. para triunfar. Bell y Burnham 21 argumentan que las condiciones para el cambio son creadas por el entorno económico y la cultura corporativa, tales como:

1. La organización está bajo una presión considerable para cambiar, externa, interna o ambas: Existe un consenso general de que se necesita un cambio, la alta gerencia se da cuenta que ya no puede seguirse manteniendo la organización bajo las mismas condiciones y comienzan a presentarse esfuerzos por movilizarla.

2. La participación directa y activa de la alta dirección es fundamental para el éxito de este ejercicio. Esta es una necesidad real porque es casi imposible avanzar hacia el cambio si las personas encargadas de dirigir la organización carecen de voluntad.

3. Todos los niveles de la organización deben involucrarse en el cambio. No puede especializarse en un área restringida o delegar la responsabilidad de cambiar una entidad completa a unas pocas personas, pero el compromiso, ya sea incremental o simultáneo, debe extenderse a la gerencia media y luego a los menores.

4. La experimentación y la innovación se aceptan como parte del propio proceso de cambio. Ambos deben parecer naturales, probados, evaluados y recompensados si tienen éxito, y descartados si no, inculcar un sentido de aceptación para que los trabajadores no tengan miedo y tales innovaciones no sean rechazadas. Beckhard y Richard (las empresas deberían hacer para lograr una transformación) hablan de la necesidad de que estas se conviertan en auténticas entidades de

aprendizaje para poder enfrentares con herramientas más útiles al cambio, y para que éste funcione mejor, debe tener varios elementos instalados que pueden resumirse:

✓ Tener una comprensión clara de cómo debe funcionar la organización, buen sistema de recompensas.

✓ Evaluación del desempeño para probar el aprendizaje.

✓ Sistemas de información que aseguren la retroalimentación para el aprendizaje y la acción.

✓ Programas de capacitación y educación para apoyar la estrategia.

✓ Estrategias de comunicación para mantener en conocimiento de todas las necesidades de aprendizaje.

✓ Objetivos y planes estratégicos claros en los que es necesario el aprendizaje para alcanzar dichos objetivos.

Con este mínimo, es más fácil lograr lo que se desea. En su artículo "Cómo administrar el cambio organizacional", Scott y Jaffe identifican algunas reglas básicas de cambio en la cultura corporativa que pueden marcar la diferencia entre lograr o no lograr el entorno ideal para implementar un cambio planificado: Existen buenas razones para el cambio, involucrando personas en cambio, delegando el proceso a personas respetadas, formar equipos para el proceso de la transición, dar capacitación sobre nuevos valores y comportamientos, obtener ayuda de una persona fuera de la organización, establecer símbolos de cambio, reconocer y recompensar a las personas Como se aprecia hay puntos en común entre las diferentes propuestas: el involucramiento de las personas y el reconocimiento de las acciones efectivas y de aprendizaje para reforzarlas y continuar exitosamente el proceso.

Reclutar y contratar. (La contratación significa que queremos contratar gente de la misma empresa o de fuera, pero para eso tenemos que determinar cómo lo vamos a hacer, entonces tenemos que analizar cómo, para la contratación tenemos que gestionar los convenios colectivos, que pueden crear o descargar un genérico como base; la información de selección e incorporación solo se puede usar como parte de la importancia de su empresa sin un compromiso total, volverán al punto de capacitación más adelante).

Un aspecto fundamental de la función de gestión de recursos humanos está relacionado con el proceso de integración que involucra el reclutamiento, selección, contratación, onboarding y capacitación involucrando a las personas, técnicas, medios, herramientas, costos, beneficios y métodos para integrar a los nuevos empleados a la organización.

Este proceso requiere conocimiento si el elemento humano es muy complejo y versátil, muy específicos y el auxilio de otras disciplinas para alcanzar su objetivo: incorporar de manera oportuna al factor humano para lograr la óptima administración de los demás recursos de la organización y de los objetivos globales.

Reclutamiento

Es un conjunto de procedimientos diseñados para atraer candidatos potencialmente calificados para puestos dentro de una organización. Es esencialmente un sistema de información a través del cual una organización divulga y ofrece al mercado de recursos humanos las oportunidades laborales que pretende cubrir.

El reclutamiento es el proceso de identificar y contratar candidatos calificados para cubrir las vacantes. El proceso de reclutamiento comienza con una búsqueda y finaliza con la recepción de una solicitud de empleo. La capacidad de una empresa para atraer buenos candidatos depende de su reputación, el atractivo de su ubicación, los tipos de trabajos que ofrece, el salario, los beneficios y más.

Proceso de reclutamiento

1. Identificar vacantes de empleo a través de la planificación de recursos humanos u otros medios. Algunas razones dadas para las vacantes son:

- ✓ Renunciar.
- ✓ Puestos de trabajo de nueva creación.
- ✓ Transferencia interna.
- ✓ Jubilarse.
- ✓ Ventas de temporada.
- ✓ Despido.
- ✓ Ascensos.
- ✓ Fallecimiento.
- ✓ Enfermedad profesional.
- ✓ Ropa de maternidad.
- ✓ Permisos.
- ✓ Aumento de ventas, entre otros.

2. Aceptación de requisición de personal: es una solicitud de suministro de personal y cobertura de vacantes.

3. Utilizar canales y métodos de reclutamiento para buscar e identificar candidatos.

4. Utilizar los canales y métodos de reclutamiento anteriores para atraer y captar candidatos.

5. Recibir solicitudes de empleo

Herramientas de reclutamiento: Son las formas o canales por los cuales nos acercamos a los candidatos para atraerlos.

Fuentes de contratación: Estas son las ubicaciones físicas donde se encuentran los candidatos potenciales.

Tipos de reclutamiento

✓ Reclutamiento interno

El reclutamiento interno, es cuando surge una determinada vacante, la empresa trata de cubrirla mediante la reubicación de los empleados que ya están trabajando para la organización.

Algunos de los medios utilizados son notificaciones dentro de la organización, concursos de promoción, intranets, solicitudes de palabra a empleados actuales, publicaciones informativas, etc.

Ventajas del Reclutamiento Interno

Esto es más económico para la organización ya que evita costos de notificación a la prensa o tarifas por firmas de reclutamiento, costos de recepción de candidatos, onboarding, integración de nuevas contrataciones, etc.

Es más rápido, dependiendo de la probabilidad de que el empleado sea transferido o promovido de inmediato.

Proporciona un mayor índice de eficacia y seguridad porque se conocen los candidatos evaluados durante un período específico.

Es una poderosa fuente de motivación para los empleados, ya que visualizan la posibilidad de progreso dentro de la organización.

Fomenta un sano espíritu competitivo entre sus empleados, teniendo presente que las oportunidades se darán a quienes verdaderamente demuestren lo que se merecen.

Desventajas de la contratación interna

Si una organización realmente no ofrece oportunidades de progreso en el momento adecuado, tiene el potencial de frustrar el potencial y las aspiraciones de sus empleados, lo que puede tener todo tipo de consecuencias, como apatía, desinterés, o el retiro de la organización con el propósito de aprovechar oportunidades fuera de ella.

✓ Reclutamiento Externo

La contratación es externa cuando existe una determinada vacante y una organización trata de cubrirla con personas ajenas a la organización.

Internet, correo electrónico, radio, revistas profesionales, banners o carteles colocados fuera de la empresa, noticias, testimonios, etc., todo se adapta al tamaño y necesidades de la empresa.

Ventajas de la contratación externa

Aporta nueva experiencia a la organización, y la entrada de recursos humanos siempre conduce a la entrada de nuevas ideas y diferentes enfoques de los problemas dentro de la empresa. A través de la contratación externa, la organización como un sistema puede mantenerse al tanto de la situación más reciente del entorno externo y otras empresas.

Renueva y enriquece los recursos humanos de la organización, especialmente cuando la política es recibir personas con igual o mayor idoneidad que el personal existente en la empresa.

Aprovechar las inversiones propias de otras empresas o candidatos en preparación y desarrollo de personas. Esto no significa que las empresas nunca más hagan estas inversiones, sin embargo, muchas organizaciones prefieren contratar externamente y pagar salarios más altos precisamente para evitar costos adicionales de capacitación o desarrollo y obtener resultados de desempeño a corto plazo.

Desventajas de la contratación externa

Por lo general, lleva más tiempo que el reclutamiento interno.

Es más costoso y requiere desembolsos inmediatos para comunicados de prensa, tarifas de agencias de contratación y más.

Es menos seguro que la contratación interna porque los candidatos externos son desconocidos y tienen antecedentes y trayectorias profesionales que la empresa no puede verificar con precisión. Aunque se brindan consejos de selección y proyecciones, las empresas generalmente contratan empleados de las siguientes maneras: un contrato que estipula un período de prueba, precisamente para tener garantía frente a la relativa inseguridad del proceso.

Selección

La selección de recursos humanos es el proceso de encontrar a la persona adecuada para un puesto a través de una serie de técnicas y pruebas. Su importancia radica en que es un proceso de dotación de recursos humanos suficientes en tiempo y forma, asegurando su calidad, permanencia, desarrollo y contribuyendo así a la eficacia del proceso productivo de la organización.

Algunos aspectos a revisar en esta etapa pueden ayudar a decidir qué individuo debe seleccionarse:

Solicitar un trabajo

Es un formulario cuyo fin es conocer o demostrar la experiencia del individuo que llena el formulario. Las solicitudes de empleo deben construir un perfil personal, historial laboral, educación y otros perfiles para determinar las características, habilidades y desempeño del solicitante. En esta etapa, se deben seleccionar cuidadosamente los datos sobre el desempeño de la persona en sus puestos anteriores: rapidez de promoción, experiencia adquirida, frecuencia y razones por las que dejo otros empleos, así como su historial de salarios.

Currículum Vitae

Un CV es una recopilación de todos los datos académicos y experiencias en la vida de uno, independientemente del puesto de trabajo elegido durante el proceso de selección. Los profesionales de selección de personal quieren currículums que expresen de forma clara y concisa información sobre una persona interesada en el perfil del puesto, la formación y la experiencia profesional.

entrevista de empleado

Es una forma de comunicación interpersonal diseñada para dar o recopilar información, cambiar actitudes y tomar ciertas decisiones en consecuencia.

Una entrevista de selección de personal es una conversación que toma datos sobre los aspectos laborales del entrevistador y las condiciones de trabajo que el entrevistador, como representante de la empresa, puede ofrecer y toma decisiones atractivas y beneficiosas para ambas partes en base a esta información.

Se utilizarán para descartar a los solicitantes incompetentes o poco interesantes que pasen la etapa de selección inicial. Esta entrevista será realizada por un experto exploratorio.

Examen de Conocimientos (Teoría y Práctica)

El objetivo principal de estas pruebas es descubrir las habilidades intelectuales en un campo, los conocimientos profesionales o específicos, y la experiencia y práctica de aplicarlos. La elegibilidad para tales pruebas requerirá la aplicación de criterios que serán de entera responsabilidad del reclutador, ya que es él quien, con el líder del distrito que solicita la vacante, discutirá y determinará aproximadamente lo que se requiere para poseer los conocimientos específicos de la persona que solicita la vacante. para la posicion.

Examen psicológico

Una prueba psicométrica es un procedimiento estandarizado que consta de secciones seleccionadas y organizadas diseñadas para obtener ciertas respuestas registrables en un individuo de toda naturaleza en cuanto a su complejidad, duración, forma, expresión y significado.

Examen médico

Es conveniente incluir el examen médico del solicitante en el proceso de selección. Hay razones para llevar a las empresas a verificar el estado de salud de sus futuros empleados: desde el deseo de mantener fuera del camino a personas con enfermedades contagiosas, para prevenir accidentes, hasta el caso de personas que se ausentan regularmente del trabajo por las siguientes razones. Sus constantes problemas de salud.

Esta prueba, que se administrará después de que los candidatos hayan sido seleccionados, también ayudará a determinar si tienen la capacidad física para ocupar el puesto.

Verificación de antecedentes laborales

En esta encuesta es útil preguntar sobre el desempeño del sujeto en su trabajo anterior, salario, relaciones, motivación, puntualidad, cumplimiento, aporte o iniciativa, conflicto, motivos de salida y horas trabajadas. De esta forma, existen elementos que infieren la competencia, compromiso, actitud, interés, eficacia y compromiso que demostrarán el candidato hacia el trabajo.

Se recomienda realizar una Encuesta de Referencia Laboral vía telefónica, preferentemente por razones de tiempo y costo.

Decisión final de selección

El proceso de decisión para la inclusión de candidatos ideales se basa en la selección del candidato más calificado en términos de características personales, intereses, conocimientos y experiencia. La decisión final no corresponde al seleccionador y debe ser tomada por el futuro jefe. Los reclutadores proponen y presentan solo a los mejores o los mejores candidatos en función de las pruebas realizadas y brindan recomendaciones.

Reclutamiento

Regular la futura relación laboral de conformidad con la ley para proteger los intereses, derechos y obligaciones tanto de los trabajadores como de las empresas.

Lo anterior se hará a través de un contrato de trabajo, en el cual se especifican las obligaciones, responsabilidades y condiciones para la realización de las actividades, así mismo se especifica las prestaciones a las que tendrá derecho el nuevo colaborador como son: sueldo, jornada laboral, vacaciones, prima vacacional, aguinaldo, demás remuneraciones, beneficios, y otros.

Inducción

La incorporación implica traer nuevas personas a la organización y acostumbrarlas al trabajo en el menor tiempo posible. Aspectos como normas, políticas, valores, costumbres, procedimientos, planes de beneficios, etc., son los factores que deben ser comunicados al trabajador en esta etapa con el objetivo de hacerlo productivo en el menor tiempo posible.

El objetivo de la fase de inducción es aclimatar, socializar, integrar y orientar al colaborador que ha decidido incorporarse. En cuanto a los puestos de trabajo, este es el primer acercamiento para los recién llegados a la empresa.

Entrenamiento

Capacitación: Proporcionar a los empleados los conocimientos y habilidades para ocupar con éxito el puesto.

La formación es una de las mejores inversiones en recursos humanos y una de las principales fuentes de satisfacción de los miembros de cualquier organización.

Beneficios de entrenamiento

- ✓ Produce una mejor economía al aumentar el valor del producto de las empresas.
- ✓ Ayuda a comprender tareas, procesos y funciones en todos los niveles.
- ✓ Mejorar el clima organizacional y aumentar la satisfacción de las personas.
- ✓ Ayudar a los empleados a identificarse con los objetivos de la organización.
- ✓ Fomenta la autenticidad, la apertura y la confianza.
- ✓ Mejorar la relación entre jefe y subordinados.
- ✓ Proporciona información sobre las necesidades futuras a todos los niveles.
- ✓ Simplificar la toma de decisiones y la resolución de problemas.
- ✓ Mejorar la productividad y la calidad del trabajo.
- ✓ Ayuda a reducir costos en muchas áreas.

✓ Facilitar la comunicación en toda la organización.

✓ Reducir la tensión y permitir la gestión de las zonas de conflicto.

En resumen, se puede concluir que RRHH tiene una gran responsabilidad e importancia en la correcta aplicación del proceso desde el reclutamiento hasta el onboarding y la formación de las personas para que la empresa pueda beneficiarse de conocimientos, habilidades y talentos del nuevo elemento que se incorpora al equipo de trabajo. Todo este proceso involucra el esfuerzo, la disposición, los conocimientos, el tiempo de un grupo de expertos quienes aplican toda esta secuencia, así como todos los candidatos que en su momento participaron en cada una de estas etapas. Cabe mencionar que todo ser humano en algún momento de su vida laboral debe de pasar por este proceso, para el cual se debe estar preparado.

Políticas operativas. (Deben generar políticas necesarias para que sus trabajadores se conduzcan como ustedes quieran).

Una política es una declaración general adoptada por una empresa que establece la posición y los objetivos de la empresa. Por lo general, se implementan procedimientos para respaldar cada política al explicar cómo se aplica la política a los clientes, empleados y productos de la empresa y las instrucciones necesarias para seguir la política. Algunos ejemplos de áreas en las que las empresas suelen tener políticas institucionales son la ética, los recursos humanos, la contabilidad y el servicio al cliente.

Las pólizas son las cláusulas que definen los lineamientos generales de actuación de un banco en materia de operaciones, administración y personal.

Las políticas operativas son aquellas disposiciones generales destinadas a regular la asistencia del Banco a sus prestatarios, definir estrategias de desarrollo y brindar orientación de alto nivel para la toma de decisiones operativas. Según sus propiedades se dividen en:

Las Políticas Generales de Operación son aquellas políticas que regulan los términos y condiciones comunes de todas las actividades operativas del banco.

La política de operaciones financieras se refiere a la política que determina la fuente de financiamiento del préstamo, el uso y destino de cada fondo existente, y sus correspondientes términos y condiciones de operación.

Las políticas operativas sectoriales son aquellas que contribuyen al desarrollo de un determinado sector de actividad económica y brindan un marco estratégico para su planificación operativa a nivel nacional y regional.

Las políticas multisectoriales son aquellas que contribuyen al desarrollo de varios sectores de la economía y se aplican a todas las áreas de la actividad económica.

Los documentos de política son informes elaborados durante la fase de formulación de políticas y presentados a las diferentes áreas de la institución para su aprobación y autorización.

Ejemplos de políticas operativas:

El horario de trabajo es de 8 horas, pero hay una hora de almuerzo entre las 2:00 p. m. y las 3:00 p. m. Entonces, el horario de trabajo es de 9:00 am a 2:00 pm y de 3:00 pm a 6:00 pm, que es durante la semana. Los sábados también se trabajará media jornada, de 10:00 a 14:00 horas.

Capacitación

En este punto tienen que determinar que tipo de capacitación se debe ofrecer en su empresa en base a la detección de las necesidades, crear algo así como un curso, y con ello los temas relacionados, solo mencionando los temas a tratar, no desarrollando los mismos, de hecho, pueden ser más de un curso si las necesidades son diferentes entre sí.

Básicamente, la capacitación se considera como un proceso educativo a corto plazo que utiliza un procedimiento planificado, sistemático y organizado a través del cual, por ejemplo, los ejecutivos de una empresa u organización adquieren los conocimientos y las habilidades técnicas necesarias para aumentar su eficacia, fijando metas la organización en la cual se desempeña.

Máximas de la capacitación del personal de una empresa

La formación del personal de la empresa se obtendrá sobre dos pilares fundamentales, por un lado, la formación y el conocimiento del propio sector y del trabajo, y por otro lado a través de la satisfacción del trabajador con lo que hace, lo cual es muy importante porque nunca debe exigir o buscar eficacia y eficiencia a las personas que acaban insatisfechas con el trato o las recompensas que reciben.

Las empresas que brindan capacitación continua a sus empleados nunca caerán en una posición en la que sus conocimientos estén desactualizados y, por supuesto, se beneficiarán del hecho de que siempre se mantendrán actualizados y competitivos con la competencia, siendo así sensibles a ambos temas impactan positivamente en el desempeño de la empresa. Los empleados que saben cómo actuar, qué hacer y cómo lograr el éxito de la empresa son esenciales, gracias en gran parte a la capacitación y, por supuesto, a las inclinaciones naturales de cada uno.

Capacitación para todos los que quieren adquirir habilidades especiales. Sin embargo, cuando se trata de capacitar a empleados profesionales, la capacitación no es un legado exclusivo de una empresa, de hecho, está al alcance de cualquiera que quiera aprender algo específico o que quiera adquirir más conocimientos sobre un tema.

Actualmente, las opciones de formación están muy extendidas debido a la gran cantidad de información y conocimientos disponibles. Existen muchas instituciones educativas o profesionales que por sí mismas ofrecen capacitación en diversos temas al público, y lo hacen por supuesto con mucho éxito, ya que también hay muchas personas interesadas en aprender sobre un tema en particular.

También es la realidad de hoy en día que las personas quieren mejorar sus conocimientos y habilidades en diferentes temas para luego apuntarse a capacitaciones al respecto.

Tipos de capacitación

Hay dos tipos de entrenamiento, intrínseco e inducido. La primera tiene su origen en el propio equipo, que es producto de un intercambio de experiencias o fruto de la creatividad de uno de sus miembros, que luego es transmitida por éste a otros compañeros. En el caso de la inducción, la instrucción proviene de alguien externo al equipo, por ejemplo, un curso proporcionado por la empresa.

Los principales objetivos que se buscan alcanzar a través de la formación incluyen: Productividad, calidad, planificación de recursos humanos, beneficios indirectos, salud y seguridad, desarrollo personal, etc.

Cultura de la empresa

Tienen que examinar lo que abarca la cultura corporativa y extraer de donde ya lo han hecho.

Constituye un conjunto de normas, valores y código de conducta compartidos por los miembros de la empresa y reflejados en su comportamiento. Determinado por: Personalidad de sus directivos y empleados, por la historia de la compañía, el entorno social donde se desarrolla, etc. La cultura es un factor de integración, ya que los miembros del grupo para sentirse parte deben cumplir con las pautas establecidas. Se puede trabajar y gestionar sobre la misma para alinearla con la filosofía y lograr una identidad coherente en todos los sentidos.

Las definiciones de cultura organizacional o corporativa enfatizan suposiciones y patrones profundos de significado, valores, normas y expectativas, filosofías, marcos de referencia o leyes observables de comportamiento tales como; rituales y estructuras (Abraham y Nombre, 1974).

Valor central

La cultura define los valores organizacionales básicos y comunica a los recién llegados la forma correcta de pensar y actuar y cómo se deben hacer las cosas.

La cultura es un conjunto de valores, creencias, comprensiones y formas de pensar que comparten los miembros de una organización y se les enseña a los nuevos miembros.

Nivel de cultura corporativa

- Nivel 1 (Hacer): Este es el más obvio e incluirá el espacio físico, las capacidades técnicas, el lenguaje, el comportamiento observado, los miembros de la organización, las obras de arte y, en última instancia, todos los elementos que podemos capturar con nuestros sentidos.
- Nivel 2: Son los valores, lo que la organización y sus miembros piensan que deben ser, y se comportan de una forma u otra.
- Nivel 3: Consiste en una serie de supuestos básicos, intangibles y preconscientes que se dan por sentados. Son temas indiscutibles y asimilados por los empleados que piensan que ciertas cosas son de una manera porque no pueden ser de otra manera. Toda organización trata de vender su imagen y difundirla en el exterior, y para ello utiliza los siguientes elementos:

Logotipos: Use imágenes, movimiento, color, etc. para transmitir una sensación de energía o estabilidad.

Slogan: A través del uso del lenguaje, las empresas pueden decir mucho sobre sí mismas.

La distribución espacial de los edificios: su decoración y mobiliario, puede transmitir la ideología de una institución, ya sea conservadora o no, moderna, tradicional, etc.

¿Que lo diferencia?

Error al crear la miniatura: Falta el archivo El tema de la cultura corporativa es este amplio y complejo que resulta difícil elaborar una relación completa de los elementos que la componen. En sentido restringido, se hablaría de todo el conjunto de normas, estructuras, creencias, valores, símbolos, costumbres, etc., que la conforman, pero resultaría un estudio muy parcial de ahí que se distingan valores internos o externos.

Factores externos: No son parte de la organización sino de su entorno, entre los que destacamos clientes, proveedores, competidores, asociaciones, ciudadanos, gobierno, sociedad y accionistas.

Fundadores: La primera persona que tuvo la idea de crear la empresa, es decir, sentó las bases de la cultura organizacional y proporcionó los principios y objetivos básicos de la organización, su mentalidad y experiencia, etc. en su propio paradigma cultural personal.

Valores: Son creencias organizacionales basadas en fundamentos morales, forman la columna vertebral de la cultura corporativa, son los supuestos detrás de las normas y reglas de comportamiento corporativo (Campbell y Taradell, 1992), estos son elementos abstractos y forman los ideales subyacentes. La organización sirve como elementos de integración del equipo, dando cierta coherencia a todos los modelos, estructuras y acciones de la organización.

Creencias: Constituyen elementos de una idea incomparable a la realidad, careciendo de base empírica, aunque tienen un valor real para el cliente, ej: el método básico e indiscutible que constituye la gran mayoría de sus miembros.

Tabú: La falta de verificación empírica es también un factor conceptual, concretamente manifestado en una serie de tabúes, como fumar y no llevar corbata. Su función principal es actuar como barrera, sancionar conductas y desempeñar un papel de control.

Elemento cognitivo: Es el conjunto de conocimientos compartidos por los miembros de una organización acerca del mundo que les rodea y de su propio trabajo y gestión. Son ideas verificables. Incluirán todos los conocimientos y prácticas técnicas y de gestión, la información ambiental, los proyectos elaborados de acuerdo con las metas y objetivos establecidos, las estrategias, las formas de distribución y ejercicio del poder, etc.

Normas: Pueden ser vistas como la aplicación práctica de valores y definen lo que debe ser. Es difícil distinguir entre normas, usos y reglas o leyes.

Uso: Algunas prácticas conductuales populares se consideran adecuadas, pero no obligatorias.

Costumbre: Penetra más en la sociedad y trae desaprobación e incluso conducta sancionada a quienes no la observan.

Hábito: Informal, formado por el paso del tiempo y la tradición.

Leyes y normas: De las instituciones formales.

Signos y Señales: Los signos están compuestos por elementos materiales e ideales cuyas características esenciales son su carga efectiva y la variedad de significados que pueden contener.

Un signo es un significante sin emoción que tiene un solo significado y puede ser reconocido a través de los sentidos, por ejemplo, humo significa fuego, distribución espacial, decoración, muebles, etc. Ceremonia, etiqueta y ceremonias.

Etiqueta: Comportamiento y acciones que se llevan a cabo de forma rutinaria en una empresa. Por ejemplo: Almuerzo de Navidad, desayuno, etc.

Ritual: Lassen lo llamó Liturgia en 1922. Son espectáculos y celebraciones que celebran el éxito de una empresa o simplemente para unir a los empleados.

Mitos, leyendas e historias. Forman la sabiduría colectiva de la organización, revelando sus principios fundamentales.

Mito: Una historia ficticia que describe el comienzo y la transformación de una organización.

Historias legendarias: Historias que revelan actos heroicos organizacionales.

Leyenda: Una narración de una serie de eventos transmitidos de generación en generación, pero adornados con algunos detalles fantásticos.

Historia: Narrativa basada en hechos reales que le sucedieron a la empresa.

Factores humanos: contribuyen a la formación de la cultura, y a la transmisión de la cultura entre los diferentes miembros que integran la empresa. Cabe citar los siguientes; héroes, líderes, narradores, espías, los que tocan el pito, soplones, sacerdotes.

Subsistemas culturales

Mentoría

Determine quién dirigirá a quién, por qué y cómo?

La tutoría es una relación de desarrollo personal en la que una persona con experiencia o conocimientos ayuda a una persona con menos experiencia o conocimientos. A los que reciben mentoría se les llama tradicionalmente discípulos o aprendices.

Existen diversas definiciones de mentoría en la literatura. Sin embargo, el punto central es que la tutoría implica comunicación y se basa en la relación. En un entorno organizacional, la tutoría puede tomar muchas formas. Bozeman y Ferney definen la tutoría como "un proceso de difusión informal de conocimientos, capital social y apoyo psicosocial percibido por los destinatarios como relevante para el trabajo, la carrera o el desarrollo profesional; la tutoría implica intercambios informales, generalmente cara a cara y a través de percepciones sostenibles". período de tiempo entre poseer personas de más conocimiento relevante, sabiduría o experiencia (el mentor) y una persona que se percibe con menos (el protegido).

Liderazgo

El liderazgo se conoce como un conjunto de habilidades que debe tener una persona para influir en la forma de pensar o comportarse de las personas, motivarlas para lograr que las tareas que esas personas tienen que realizar se lleven a cabo de manera efectiva, ayudando así en el logro, utilizando diferentes herramientas. como el carisma al hablar y la confianza en uno mismo, y la capacidad de relacionarse con los demás.

Es importante determinar qué tipo de estilo de liderazgo queremos tener en la empresa en función de las diferentes áreas de trabajo o de las actividades que realiza cada integrante dentro y fuera de la empresa).

Estos son algunos de los estilos de liderazgo más populares, no solo en la teoría del liderazgo sino también en la práctica de las empresas en la actualidad.

1. Liderazgo autoritario

El liderazgo autocrático es una forma extrema de liderazgo transaccional en la que el líder tiene poder absoluto sobre sus empleados o equipos. Los miembros del staff tienen una pequeña oportunidad de dar sugerencias, incluso si estas son para el bien del equipo o de la organización. Muchas personas se sienten resentidas al ser tratadas de esta manera. A menudo el liderazgo autocrático tiene altos niveles de ausentismo y rotación del personal. Para algunas tareas y trabajos sin calificación, el estilo autocrático puede ser efectivo, porque las ventajas del control superan las desventajas.

2. Liderazgo burocrático

Los líderes burocráticos hacen todo "por el libro". Siguen estrictamente las reglas y se aseguran de que todo lo que hacen sus seguidores sea exacto. Este es un estilo de liderazgo muy apropiado cuando existen riesgos graves de seguridad, como el uso de maquinaria, sustancias tóxicas o pesos peligrosos, o cuando se trata de grandes sumas de dinero.

3. Liderazgo carismático

Los estilos de liderazgo carismático son similares a los líderes transformacionales en el sentido de que estos líderes inspiran gran entusiasmo en sus equipos y se energizan cuando lideran a otros. Sin embargo, los líderes carismáticos a menudo creen más en sí mismos que en el equipo, lo que puede generar problemas en los que un proyecto o una organización entera pueden desmoronarse el día que el líder deja la empresa. A los ojos de los seguidores, el éxito está íntimamente relacionado con los líderes carismáticos.

4. Liderazgo participativo o democrático

Si bien los líderes democráticos son quienes toman las decisiones finales, los líderes participativos o democráticos invitan a otros miembros del equipo a contribuir con el proceso de toma de decisiones. Esto no solo aumenta la satisfacción por el trabajo, sino que ayuda a desarrollar habilidades. Los miembros de equipo sienten en control de su propio destino así que están motivados a trabajar duro, más que por una recompensa económica.

La cultura en las empresas

Dado que la participación democrática lleva tiempo, este enfoque puede llevar mucho tiempo, pero a menudo funciona bien. Este estilo de liderazgo se puede emplear cuando el trabajo en equipo es esencial y la calidad es más importante que la velocidad o la productividad.

5. Liderazgo de Laissez-faire

Esta expresión francesa significa "déjalo ser" y se usa para describir a un líder que permite que los miembros del equipo trabajen de forma independiente. Esto funciona bien si el líder supervisa el trabajo que se realiza y se comunica con el equipo de manera regular. El liderazgo de laissez-faire suele ser eficaz cuando las personas poseen una gran experiencia e iniciativa. Desafortunadamente, este tipo de liderazgo puede ocurrir de forma aislada cuando los gerentes no ejercen el control suficiente.

6. Liderazgo centrado en las personas o liderazgo basado en las relaciones

Es lo opuesto al liderazgo orientado a tareas. Liderazgo centrado en las personas, los líderes están completamente orientados en organizar, hacer de soporte y desarrollar sus equipos. Es un estilo participativo, y tiende a empoderar al equipo y a fomentar la colaboración creativa. En la práctica la mayoría de los líderes utilizan tanto el liderazgo orientado a la tarea y el liderazgo orientado a las personas.

7. Liderazgo natural

Describa a un líder que no es reconocido formalmente. Cuando alguien en cualquier nivel de una organización lidera simplemente satisfaciendo las necesidades de su equipo, se lo describe como un líder natural. Algunos lo llaman liderazgo de servicio. En muchos sentidos, este tipo de liderazgo es una forma democrática de liderazgo porque todo el equipo está involucrado en el proceso de toma de decisiones. Los defensores del modelo de liderazgo natural dicen que es una excelente manera de trabajar en un mundo donde los valores son cada vez más importantes. Otros creen que, en situaciones competitivas, los líderes naturales pueden disminuir la influencia de otros líderes que usan otros estilos de liderazgo.

8. Liderazgo orientado a tareas

Los líderes altamente orientados a la tarea solo se preocupan por hacer el trabajo y pueden ser algo autoritarios. Estos líderes son muy buenos para definir trabajos y roles necesarios, organizar estructuras, planificar, organizar y controlar. Pero no tiene que pensar mucho en el bienestar de sus equipos, así que tienen problemas para motivar y retener a sus colaboradores.

9. Liderazgo transaccional

Este estilo de liderazgo surge de la idea de que los miembros del equipo acuerdan someterse por completo al líder al aceptar el trabajo.

Una transacción es un precio que se paga a cambio del esfuerzo y la aceptación de las tareas que les encomiendan los líderes. Un líder tiene el poder de disciplinar a cualquiera que piense que su trabajo no es como él quiere.

El liderazgo transaccional es un mal necesario, más que un verdadero estilo de liderazgo porque el enfoque está en la ejecución de tareas a corto plazo.

10. Liderazgo transformacional

La mayoría de los teóricos del liderazgo consideran que los líderes transformacionales son líderes reales. Motivan a su equipo a largo plazo y transmiten su entusiasmo al equipo. A su vez, estos líderes solo necesitan el apoyo de ciertos empleados. Es un ida y vuelta emocional. Es por eso que muchas organizaciones deben tener liderazgo tanto transformacional como transaccional.

Los líderes (o gerentes) transaccionales se aseguran de que las rutinas se ejecuten correctamente, mientras que los líderes transformacionales buscan nuevas iniciativas y agregan valor.

Tutoría (determinar quién será el mentor de quién, por qué y cómo)

El coaching es un método que permite a las personas alcanzar su máximo desarrollo profesional y personal y conduce a una transformación profunda que produce un cambio de perspectiva, un mayor compromiso y responsabilidad, lo que se traduce en mejores resultados.

Es un proceso sistemático que facilita el aprendizaje y promueve cambios cognitivos, emocionales y conductuales que amplían la capacidad de actuar en función del logro de metas definidas.

Es una disciplina emergente dedicada a facilitar el proceso de desarrollo de las personas: En el desarrollo de carrera, transición de carrera, logro de metas, eliminación de barreras al crecimiento personal y en la búsqueda del mejoramiento de los niveles de rendimiento.

En entornos organizacionales, el coaching se consolida como una poderosa herramienta que potencia el liderazgo, facilita el desempeño y acompaña los procesos de formación y coaching para asegurar la efectiva adquisición de competencias. Con base en lo anterior, se debe determinar cómo y por quién se aplicará el coaching.

Perfil de trabajo (este punto está realmente disponible, verifíquelo y extráigalo, complételo si es necesario)

Un perfil de puesto, también conocido como perfil ocupacional para un puesto vacante, es un método para recopilar los requisitos personales y las calificaciones que un empleado necesita para desempeñarse satisfactoriamente dentro de una organización: nivel de educación, experiencia, función del puesto, requisitos de capacitación y conocimiento, y requisitos requeridos. habilidades y rasgos de personalidad. Adicionalmente, el perfil de puesto se ha convertido en una herramienta sumamente útil para el manejo y siembra exitosa de los Recursos Humanos de la Instituciones de cualquier nivel.

Los perfiles de puesto se utilizan para definir e identificar las funciones y actividades de cada empleado en función de su posición en la organización. De esta forma, quedan claramente definidas las expectativas que la empresa tiene de sus empleados, o de cualquiera que pretenda ocupar su puesto. De esta forma, se pueden desarrollar programas de capacitación para los empleados, enfocándose en fortalecer sus áreas débiles de acuerdo a los puestos que ocupan. Su finalidad es que, tras el cumplimiento del citado programa formativo, el empleado consiga potenciar el desarrollo de las cualificaciones necesarias para desempeñar su puesto de la mejor forma posible.

Los perfiles de puesto representan la base para desarrollar manuales operativos y procedimientos que permitan la estandarización o regulación de las actividades de los empleados. Es un parámetro muy útil en el proceso de reclutamiento y selección de personal ya que en base al perfil del puesto se pueden seleccionar los candidatos idóneos para cubrirlo. Con la persona adecuada en el puesto adecuado, los propósitos y objetivos de la organización tienen mayor posibilidad de ser cumplidos.

CAPÍTULO V

Estados contables

La contabilidad financiera transfiere eventos, hechos económicos, a los estados financieros. Esta transferencia se realiza de acuerdo con las normas, entre las que se encuentran los Principios de Contabilidad Generalmente Aceptados (PCGA). GAAP es muy flexible y la administración disfruta de una importante discreción contable. La flexibilidad de las normas contables hace que su interpretación dependa de las circunstancias del negocio y de la valoración de la dirección. Los mecanismos de control y regulación apuntan a información confiable.

Los estados contables o estados financieros permiten a una empresa comprender la situación económica y financiera de la empresa y sus cambios a lo largo de un determinado período de tiempo.

Esta información se concentra principalmente en el balance, que refleja la estructura económico-financiera de la empresa, y en la cuenta de resultados, que mide la rentabilidad de la empresa. Sin embargo, los estados financieros se basan no solo en estos instrumentos sino también en un conjunto de estados finales que está formado por un estado de cambios en el patrimonio neto, un estado de flujos de tesorería y la memoria.

Un balance proporciona información sobre la riqueza y el legado de una empresa. El estado de resultados proporciona información sobre los ingresos, el cambio en la riqueza de un período a otro. Hay que saber interpretar las reglas y entender los hechos económicos que se intentan regular. Es necesario entender qué lleva a la gerencia a tomar decisiones contables. Debe comprender el impacto del evento en el valor de la empresa.

La contabilidad financiera es compleja pero interesante debido a la diversidad de empresas y eventos, la participación de muchos factores diferentes, la existencia de diferentes objetos, económicos y de otro tipo, la incertidumbre y su amplia regulación a nivel contable y de auditoría.

Estado de flujo de caja (ingresos y egresos)

El flujo de caja es un informe financiero que detalla el flujo de ingresos y gastos de una empresa durante un período determinado. Algunos ejemplos de ingresos son los ingresos por ventas, el cobro de deudas, el alquiler, el cobro de préstamos, los intereses, etc. Ejemplos de dinero que sale o sale son pagos de facturas, pagos de impuestos, pagos de salarios, préstamos, intereses, pagos de deudas, servicios de agua o iluminación, etc. La diferencia entre los ingresos y los gastos se denomina saldo o flujo neto y, como tal, constituye un indicador importante de la liquidez de una empresa. Un saldo positivo significa que los ingresos fueron mayores que los gastos (o gastos) del período; un número negativo significa que los gastos fueron mayores que los ingresos.

Cash Flow (Cash Flow, en inglés) se caracteriza por contabilizar las cosas que realmente entran y salen de un negocio, como los ingresos por ventas o los pagos de facturas (gastos). En el Flujo de Caja no se utilizan términos como "ganancias" o "pérdidas", dado que no se relaciona con el Estado de Resultados. Sin embargo, la importancia del Flujo de Caja es que nos permite conocer en forma rápida **la liquidez de la empresa**, entregándonos una información clave que nos ayuda a tomar decisiones tales como:

- ¿Cuánto podemos comprar de mercadería?

- ¿Podemos comprar al contado o es necesario solicitar crédito?,

- ¿Debemos cobrar al contado o es posible otorgar crédito?

- ¿Podemos pagar las deudas en su fecha de vencimiento o debemos pedir un refinanciamiento?

- ¿Podemos invertir el excedente de dinero en nuevas inversiones?

Presupuesto de ventas

Un presupuesto de ventas es un documento expresado en términos cuantitativos que proporciona una estimación de las ventas, dando una idea de la rentabilidad de una empresa. Es el punto de partida de los demás sistemas de presupuestación de la empresa, por lo que es muy importante hacer un buen presupuesto de ventas, cualquier error invalidará toda la tarea de planificación.

Muchas empresas toman decisiones comerciales en base a este documento, expresa el volumen de ventas esperado, por lo que afecta el nivel de producción, es decir, si la empresa estima que sus ventas son altas, tiene que decidir aumentar el nivel de producción para poder cumplir con la demanda.

Un presupuesto de ventas es una parte importante de la planificación financiera y de negocios de cualquier empresa. No hay duda de que prepararse de la mejor manera posible puede ayudar a materializar los beneficios y alcanzar las metas de la empresa.

Próximos pasos en relaciones públicas si el plan de ventas no es realista, los pasos por venir en el proceso presupuestal no serán confiables, debido a que el presupuesto de ventas aporta los datos necesarios para elaborar los presupuestos de compras, de producción, de gastos de ventas y de gastos administrativos.

Factores a tener en consideración para realizarlo:

- Venta de Productos: Todos los productos y servicios que la empresa desea vender durante el período presupuestado.

- Cantidad: Calcule la cantidad del producto que se venderá en función de las previsiones históricas de la demanda anterior del producto y el comportamiento de las ventas.

- A qué precio: Encuentre el mejor margen volumen-costo-beneficio definiendo precios basados en aspectos importantes de la empresa.

- Método utilizado: El mecanismo que se utilizará para promocionar, vender y distribuir el producto en el mercado.

- Dónde: Área de comercialización, previamente determinada en función de la ubicación geográfica, el tamaño de la empresa y los tipos de productos vendidos.

- A través de qué canales de distribución: Son los definidos por la empresa para llegar al máximo número de consumidores al menor costo posible.

Balance General

El balance, también conocido como; balance o estado patrimonial, es un estado financiero que refleja la información económico-financiera de una empresa dentro de un determinado período de tiempo, y se divide en tres rubros: activo, pasivo y patrimonio neto.

Es obligatorio actualizar el balance al menos una vez al año. Es un documento público de todas las empresas y es muy importante para los potenciales inversores de dichas empresas.

El balance es una herramienta muy importante que nos permite comprender la información básica de la empresa de un vistazo. Por ejemplo, cuánto efectivo tiene una empresa, cuánta deuda tiene o cuántos activos tiene. Con una cantidad tan grande de información, mantenerla organizada es crucial.

El balance general es un estado financiero estático

Este documento no nos dice lo que ha cambiado con el tiempo, sino lo que está pasando en un momento dado. Podemos entenderlo como una instantánea de la estructura económica y financiera en un momento dado, normalmente al final del año, que nos permite comparar balances de diferentes años.

Las corporaciones, como cualquier persona en su economía doméstica, necesitan orden para organizar eficientemente lo que es suyo y lo que deben o se les debe. Para ello, gracias a la contabilidad, utilizamos un balance o situación.

El valor neto se puede calcular como activos menos pasivos. Representa la contribución del propietario o accionista más las utilidades retenidas. Además, reducen la equidad cuando se producen resultados negativos (pérdidas). El patrimonio neto, o capital de los accionistas, también muestra la capacidad de financiación de una empresa.

Estructura del balance general

Cada uno de los elementos patrimoniales, activo, pasivo y patrimonio neto, representan unos grupos de cuentas contables. Es muy importante que la suma de ambas partes de el mismo resultado.

El activo, es lo que se posee, el pasivo lo que se debe y el patrimonio neto son los recursos financieros que pertenecen a la empresa. El activo lo podemos calcular como el pasivo más el patrimonio neto:

Activo = Patrimonio neto + Pasivo

La estructura del balance general es la siguiente:

Balance de situación

ACTIVO	PASIVO
ACTIVO NO CORRIENTE	PATRIMONIO NETO
	PASIVO NO CORRIENTE
ACTIVO CORRIENTE	PASIVO CORRIENTE

El balance general tiene una estructura claramente diferenciada que se divide en:

Activo

Incluye todas aquellas cuentas que reflejan los bienes y derechos de los que dispone la entidad. Todos los elementos del activo tienen el potencial de traer dinero a la empresa, ya sea mediante su uso, su venta o su intercambio. Se suele situar visualmente en el lado izquierdo del balance.

Pasivo

El pasivo refleja todas las deudas y obligaciones económicas que tiene la empresa. Estas deudas permiten a la empresa financiar su actividad y le sirve para pagar su activo. Son deudas que tenemos en el presente pero que hemos contraído en el pasado, como por ejemplo un préstamo bancario o una compra con pago diferido.

Patrimonio neto

Comprende los fondos propios de la empresa, que son todos aquellos elementos que constituyen la financiación propia de la empresa, como por ejemplo el dinero aportado por los socios el dinero acumulado de los beneficios obtenidos en años anteriores y las reservas de la empresa.

Anteriormente, los fondos propios y el patrimonio neto se consideraban sinónimos. Sin embargo, según los nuevos criterios internacionales el patrimonio neto incluye además otras partidas, como los ajustes contables producidos por errores o cambios de criterio contable.

Estado de resultados

Todas las empresas, independientemente de su tamaño, necesitan obtener información sobre su desempeño para saber si lograron resultados positivos, es decir, ganancias, o, por el contrario, si sufrieron pérdidas como resultado de sus actividades operativas, un cierto período de tiempo. Dado que el objetivo principal de su organización es maximizar las ganancias, debe contar con herramientas que le brinden información oportuna y confiable para la toma de decisiones.

Un Estado de Pérdidas y Ganancias, también conocido como Estado de Pérdidas y Ganancias, es un informe financiero que muestra en detalle, en función de un período determinado, los ingresos recibidos, los gastos incurridos cuando se incurre y la ganancia o pérdida resultante. La empresa generó y analizó esta información durante el período de tiempo y tomó decisiones comerciales basadas en ella.

Este estado financiero le brinda una imagen completa de cómo le está yendo a la empresa, si ha generado utilidades o no. En términos sencillos este reporte es muy útil para ti como empresario ya que te ayuda a saber si tu compañía está vendiendo, qué cantidad está vendiendo, cómo se están administrando los gastos y al saber esto, podrás saber con certeza si estás generando utilidades.

Objetivo del estado de resultados

Un estado de resultados tiene un objetivo muy específico al presentar la condición financiera de una empresa, principalmente midiendo el desempeño operativo de una empresa durante un período de tiempo específico al relacionar los ingresos generados con los gastos incurridos para lograr ese objetivo.

La información obtenida es muy útil, especialmente cuando se analiza junto con otros estados financieros básicos como el balance general y el estado de flujo de efectivo, de modo que, al evaluar el estado de resultados de su empresa, podrá:

✓ Obtener una evaluación precisa de la rentabilidad de su empresa y su capacidad para generar ganancias, también es importante comprender cómo optimizar los recursos para maximizar las ganancias.

✓ Mide el desempeño de la empresa, es decir, cuánto inviertes por cada peso que ganas.

✓ Obtener un mejor conocimiento para determinar la distribución de dividendos, ya que estos dependen de las utilidades generadas durante el periodo.

✓ A partir de la cuenta de resultados, estimar el flujo de caja pudiendo realizar previsiones de ventas con mayor precisión.

Determinar qué parte del proceso consume más recursos económicos. Puede ver esto analizando el margen de beneficio de cada artículo. Esto le dará una idea de la eficiencia empresarial.

El estado de resultados es crucial para su empresa ya que actúa como un elemento de apoyo a la gestión al proporcionar información valiosa para la toma de decisiones y la planificación estratégica.

Estructura del estado de resultados

El estado de resultados se estructura en las siguientes categorías: ingresos, costos y gastos. La estructura del informe se basa en estos tres elementos principales.

Las principales partidas de la cuenta de resultados son las siguientes:

✓ Ventas: Esta cifra aparece primero en el estado de resultados y debe corresponder a los ingresos por ventas de un período determinado.

✓ Costo de Bienes Vendidos: Este concepto se refiere a la cantidad que una empresa gasta en bienes vendidos.

✓ Utilidad o Margen Bruto: La diferencia entre las ventas y el costo de los bienes vendidos. Es un indicador del ingreso bruto del producto, es decir, el precio de venta en comparación con el costo de producir o comprar el producto (según sea el caso) si no hay otros gastos involucrados.

✓ Gastos Operativos: Esto incluye todos los gastos directamente relacionados con el funcionamiento del negocio. Algunos ejemplos son: servicios como luz, agua, alquiler, salarios, etc.

✓ Sobreflujo de ganancias (EBITDA): es una medida financiera de las ganancias o ganancias de una empresa sin tener en cuenta los cargos financieros, impuestos y otros cargos contables que no implican una salida real de dinero de la empresa, como la amortización y la depreciación.

✓ Depreciación y Amortización: Son los montos anuales se aplican para disminuir el valor contable a los bienes tangibles que la empresa utiliza para llevar a cabo sus operaciones (activos fijos), por ejemplo, el equipo de transporte de una empresa.

✓ Utilidad de operación: Se refiere a la diferencia que se obtiene al restar las depreciaciones y amortizaciones al EBITDA, indica la ganancia o pérdida de la empresa en función de sus actividades productivas. Estados financieros.

Los estados financieros son una herramienta de gestión que te ayudará a tener una mejor visión de la situación financiera de la empresa, los recursos con los que cuenta, los resultados obtenidos, las entradas y salidas de efectivo que se han presentado, la rentabilidad generada, entre otros aspectos de gran relevancia para la operación y administración de la organización.

Presupuesto de inversión

El presupuesto de inversión es un documento que revela la inversión y su financiamiento, revela los gastos e ingresos a incurrir, y comprende las adquisiciones e ingresos de cada período. Por sí mismo, se puede decir que es esencialmente un plan digital, lo que se espera que haga. También se puede decir que el presupuesto de inversión es un sistema que permite a la gerencia planificar y controlar la actitud de la empresa para que pueda alcanzar sus objetivos en términos de utilidades y servicios. Inversión fija: La inversión fija también puede denominarse formación bruta de capital fijo. La inversión es la adición de bienes de capital a los inventarios existentes. Se puede decir que la inversión fija tiene en cuenta todos los activos tangibles definidos anteriormente para llevar a cabo el proceso de producción. En general, se puede decir que la inversión fija es una inversión que permite una amplia comprensión de su comportamiento la inversión en un corto plazo, misma que está integrada por los bienes utilizados en el proceso productivo durante más de un año y que están sujetos a derechos de propiedad.

Los presupuestos de inversiones no están dentro de los llamados presupuestos operativos puesto que las inversiones no son consideradas elementos que forman parte del ciclo productivo a corto plazo, al contrario. Las inversiones están referidas a la maquinaria, naves y locales, ordenadores, páginas web, vehículos, etcétera.

El **presupuesto de inversiones** puede dividirse en 4 partes:

- ✓ Pre inversión.
- ✓ Decisión.
- ✓ Inversión.
- ✓ Recuperación.

Motivos para realizar un presupuesto de inversiones

El presupuesto de inversiones tiene su origen en la planificación a largo plazo que establece los objetivos de crecimiento de la empresa y que ha de irse materializando en los presupuestos anuales. La necesidad de inversiones puede responder a los siguientes motivos:

- Mantener y aumentar la capacidad de producción. Dicho esto, la compra de maquinaria y bienes de capital puede aumentar las facturas o al menos mantener las facturas actuales. Hay que recordar que el paso del tiempo por sí solo provoca la depreciación, el desgaste y la obsolescencia de los elementos fijos. Un ejemplo simple sería comprar un nuevo vehículo de reparto después de descubrir que el vehículo de reparto actual está dañado.

- Mejorar la productividad y calidad de productos y procesos. En este caso no nos referimos a producir más, sino a producir más eficientemente o con mayor calidad. En una empresa productora de calzado, un ejemplo de inversión para aumentar la productividad es la compra de una máquina que automatice ciertas etapas de la producción.

- Investigación y desarrollo para promover nuevos productos y mercados. En una empresa de fabricación de ropa deportiva, un ejemplo podría ser la empresa de contratación de empresas tecnológicas especializadas en el desarrollo de materiales más avanzados que favorezcan en algún aspecto la práctica del deporte.

- Objetivos que refuerzan la imagen y el prestigio de la empresa, como nueva página web con mejor diseño y más moderna.

Razones de liquidez y rentabilidad

Razones de liquidez

Los índices de liquidez financiera indican la capacidad de una empresa para cumplir con las obligaciones que vencen en el corto plazo. Si una empresa tiene un préstamo a corto plazo o tiene algunas facturas grandes que deben pagarse rápidamente, los analistas querrán asegurarse de tener acceso a efectivo cuando sea necesario. Los bancos y proveedores de la empresa también deben vigilar de cerca la liquidez de la empresa, sabiendo que es más probable que las empresas sin liquidez quiebren y no paguen sus deudas.

Sepúlveda (p. 120) Define la liquidez como la facilidad con la que un activo puede convertirse en dinero. La liquidez está determinada por dos factores: el tiempo que lleva convertir un activo en dinero y la certeza de que no se incurrirá en ninguna pérdida cuando se realice la conversión, por lo que el dinero es la mercancía más líquida de todas.

Debido a que un precursor común de los problemas financieros y la bancarrota es una liquidez baja o decreciente, estas razones dan señales tempranas de problemas de flujo de efectivo y fracasos empresariales inminentes. Desde luego, es deseable que una compañía pueda pagar sus cuentas, de modo que es muy importante tener suficiente liquidez para las operaciones diarias. Sin embargo, los activos líquidos, como el efectivo mantenido en bancos y valores negociables, no tienen una tasa particularmente alta de rendimiento, de manera que los accionistas no querrán que la empresa haga una sobreinversión en liquidez. Las empresas tienen que equilibrar la necesidad de seguridad que proporciona la liquidez contra los bajos rendimientos que los activos líquidos generan para los inversionistas.

En el análisis financiero comúnmente se emplean las siguientes medidas básicas de liquidez:

Razón de circulante o liquidez corriente

Medida de liquidez que mide la capacidad de la empresa para cumplir con sus obligaciones de corto plazo, se calcula al dividir los activos corrientes (circulantes) de la empresa entre sus pasivos corrientes (circulantes), el mínimo que generalmente es considerado como aceptable es de 2 a 1, aunque puede variar dependiendo de la industria o sector económico de la firma.

$$\text{Razón de circulante o liquidez corriente} = \frac{\text{Activos corrientes (circulantes)}}{\text{Pasivos corrientes (circulantes)}}$$

Los activos circulantes incluyen lo que una empresa tiene en la mano y en los bancos, así como cualquier activo que pueda convertirse en efectivo durante un período operativo "normal" de doce meses, como valores negociables mantenidos como inversiones a corto plazo, cuentas por cobrar, inventario y avances. Los pasivos circulantes incluyen cualquier obligación financiera con vencimiento dentro del próximo año, como cuentas por pagar, obligaciones por pagar, porciones de deuda a largo plazo vencidas, otras cuentas por pagar y retenciones de impuestos y cuentas por pagar de nómina.

En términos generales, cuanto mayor es la liquidez actual, más líquida es la empresa. La cantidad de liquidez que necesita una empresa depende de varios factores, incluido el tamaño de la organización, su acceso a fuentes de financiamiento a corto plazo, como líneas de crédito bancarias, y la volatilidad de su negocio. Por ejemplo, una tienda de comestibles cuyos ingresos son relativamente predecibles tal vez no necesite tanta liquidez como una empresa de manufactura que enfrenta cambios repentinos e inesperados en la demanda de sus productos. Cuanto más predecibles son los flujos de efectivo de una empresa, más baja es la liquidez corriente aceptable.

Prueba ácida o razón rápida

Medida de liquidez que se calcula al dividir los activos corrientes (circulantes) de la empresa menos el inventario, entre sus pasivos corrientes (circulantes).

$$\frac{\text{Prueba ácida}}{\text{o razón rápida}} = \frac{\text{Activos corrientes - Inventario}}{\text{Pasivos corrientes}}$$

Esta ratio financiera es una medida más estricta de liquidez. Al excluir los inventarios de los activos circulantes, las razones financieras reconocen que estos suelen ser uno de los activos circulantes menos líquidos. El inventario, especialmente el trabajo en curso, es difícil de convertir rápidamente o cerca del valor contable. En general, hay dos razones principales para la baja liquidez de los inventarios: 1. Muchos tipos de inventarios no se pueden vender fácilmente porque son productos semielaborados y artículos para propósitos especiales 2. Los inventarios generalmente se venden a crédito, es decir, se convierten en cuentas por cobrar antes de que se realicen. Otro problema del inventario como activo líquido es que cuando la empresa enfrenta las necesidades de liquidez más urgentes, es decir, cuando no le está yendo bien, es precisamente el momento en que el inventario es más difícil de convertir en efectivo por medio de su venta. La suposición fundamental de la prueba ácida, es que las cuentas por cobrar de una empresa podrán convertirse en efectivo dentro del periodo «normal» de recuperación (y con poca «reducción») o dentro del término en el que se otorgó originalmente el crédito.

En términos de liquidez actual, el nivel de liquidez rápida que una empresa debe esforzarse por alcanzar depende en gran medida de la industria en la que opera. La razón rápida es una mejor medida de la liquidez general solo si el inventario de la empresa no se puede convertir fácilmente en efectivo. Si el inventario es líquido, la liquidez actual es un indicador preferible de la liquidez general.

Razon de efectivo

Los activos más líquidos de una empresa son sus tenencias de efectivo y valores de fácil venta. Es por eso que los analistas también se enfocan en el índice de efectivo, que se calcula dividiendo el efectivo más los valores a corto plazo entre los pasivos corrientes.

$$\text{Razón de efectivo} = \frac{\text{Efectivo + Valores de corto plazo}}{\text{Pasivos corrientes}}$$

Razones de rentabilidad

Las razones financieras de rentabilidad son aquellas que permiten evaluar las utilidades de la empresa respecto a las ventas, los activos o la inversión de los propietarios.

La rentabilidad es la cualidad de un negocio de proporcionar un rendimiento atractivo, es decir la ganancia o utilidad que produce una inversión.

Margen de utilidad bruta

Mide el porcentaje que queda de cada dólar de ventas después de que la empresa pagó sus bienes. Cuanto más alto es el margen de utilidad bruta, mejor (ya que es menor el costo relativo de la mercancía vendida). El margen de utilidad bruta se calcula de la siguiente manera:

Margen de utilidad bruta = (Ventas – Costo de los bienes vendidos) / Ventas

Margen de utilidad bruta = Utilidad bruta / Ventas

Margen de utilidad operativa

Mide el porcentaje que queda de cada dólar de ventas después de que se dedujeron todos los costos y gastos, excluyendo los intereses, impuestos y dividendos de acciones preferentes. Representa las "utilidades puras" ganadas por cada dólar de venta. La utilidad operativa es "pura" porque mide solo la utilidad ganada en las operaciones e ignora los intereses, los impuestos y los dividendos de acciones preferentes. Es preferible un margen de utilidad operativa alto. El margen de utilidad operativa se calcula de la siguiente manera:

Margen de utilidad operativa = Utilidad operativa / Ventas

Margen de utilidad neta

Éste es el "resultado final" de las operaciones. El margen de utilidad neta indica la tasa de utilidad obtenida de las ventas y de otros ingresos. El margen de utilidad neta considera las utilidades como un porcentaje de las ventas (y de otros ingresos). Debido a que varía con los costos, también revela el tipo de control que la administración tiene sobre la estructura de costos de la empresa.

Se calcula de la manera siguiente:

Margen de utilidad neta = Utilidad neta después de impuestos / Ventas Totales

Rendimiento sobre los activos, ROA

El rendimiento sobre los activos (ROA, return on assets) considera la cantidad de recursos necesarios para respaldar las operaciones. El rendimiento sobre los activos revela la eficacia de la administración para generar utilidades a partir de los activos que tiene disponibles y es, quizá, la medida de rendimiento individual más importante.

El ROA se calcula de la manera siguiente:

ROA = Utilidad neta después de impuestos / Activos totales

Para aprovechar al máximo el ROMA debemos dividirlo en las partes que lo componen. El ROA está integrado por dos componentes clave: el margen de utilidad neta de la empresa y su rotación de activos totales.

ROA = Margen de utilidad neta x Rotación de los activos totales

La rotación de activos totales indica qué tan eficientemente se usan los activos para respaldar las ventas. Se calcula de la manera siguiente:

Rotación de activos totales = Ventas anuales / Total de activos

Entonces se tiene que:

ROA = (Utilidad neta después de impuestos / Ventas Totales) x (Ventas anuales / Total de activos)

Rendimiento sobre el capital, ROE

Una medida del rendimiento general de la empresa, el rendimiento sobre el capital (ROE, return on equity), es vigilado muy de cerca por los inversionistas debido a su relación directa con las utilidades, el crecimiento y los dividendos de la empresa. El rendimiento sobre el capital, o rendimiento sobre la inversión (ROI, return on investment) como le llaman en ocasiones, mide el rendimiento para los accionistas de la empresa al relacionar las utilidades con el capital de los accionistas:

ROE = Utilidad neta después de impuestos / Capital de los accionistas

Del mismo modo que el ROA, la medida de rendimiento sobre el capital (ROE) puede dividirse en las partes que lo componen. En realidad, el ROE no es nada más que una extensión del ROA. Introduce las decisiones de financiamiento de la empresa en el análisis del rendimiento, es decir, la medida ampliada del ROE indica el grado en que el apalancamiento financiero (o "utilización lucrativa del capital en préstamo") puede aumentar el rendimiento para los accionistas. El uso de deuda en la estructura de capital significa, de hecho, que el ROE siempre será mayor que el ROA. La pregunta es qué tanto. En vez de usar la versión abreviada del ROE, es decir, la ecuación anterior, podemos calcular el ROE de la manera siguiente:

ROE = ROA x Multiplicador de capital

Donde el multiplicador de capital es:

Multiplicador de capital = Activos totales / Total del capital de los accionistas

Utilidades o ganancias por acción, UPA o GPA

En general, las ganancias por acción (GPA) de la empresa son importantes para los accionistas actuales o futuros, y para la administración. Como mencionamos anteriormente, las GPA representan el monto en dólares obtenido durante el periodo para cada acción común en circulación. Las ganancias por acción se calculan de la siguiente manera:

Ganancias por acción = Ganancias disponibles para los accionistas comunes / Número de acciones comunes en circulación

Análisis de sensibilidad

En el momento en el que tienes que decidir en qué instrumento financiero invertir tus ahorros, debes entender las diferentes formas de obtener valor según el grado de riesgo que representa tu inversión. Un análisis muy común en la gestión financiera es el llamado análisis de sensibilidad, este permite visualizar inmediatamente las fortalezas y debilidades económicas de un proyecto.

El análisis de sensibilidad es un método que es igualmente aplicable a las inversiones en productos de instituciones no financieras (como los bancos), por lo que también se puede utilizar en situaciones en las que familiares, amigos o compañeros nos ofrecen opciones para invertir en un determinado negocio o proyecto. El análisis de sensibilidad de proyectos es una herramienta de fácil aplicación que nos proporciona la información básica que necesitamos para tomar decisiones en función de los riesgos que estamos dispuestos a asumir.

El análisis de sensibilidad es un término usado frecuentemente en las empresas para realizar una toma de decisiones acertadas acerca de la inversión de sus capitales, este análisis consiste en el cálculo de los nuevos **flujos de caja** y el VAN (valor actual neto, indicador para la viabilidad de un proyecto) en proyectos, negocios y otro. Cuando se hace un cambio en la variable (a la inversión inicial, ingresos, tasas de crecimiento, etc.) y obteniendo gracias a esto nuevos flujos de caja y un valor nuevo del VAN, se podrá hacer el cálculo de la sensibilidad y mejorar las estimaciones del proyecto que vaya a realizarse. En caso de que las variables cambien o haya errores en ellas (cuestión de apreciación de la persona que realice el análisis), se debe repetir el proceso utilizando los valores originales (antes del cambio de variable).

Para el **análisis de sensibilidad** debe compararse el VAN inicial y el nuevo valor del VAN (obtenido en el cambio de variables) y así obtendremos un valor que, al multiplicarlo por la constante cien, indicara el porcentaje de cambio:

$$Analisis\ de\ sensibilidad = \frac{(VAN_0 - VAN_a)}{VAN_a}$$

Donde:

VAN=es el valor del VAN obtenido después del cambio de variables

VAN=Es el valor inicial del VAN, antes del cambio de variables.

Posibles escenarios

- La base para aplicar este enfoque es la capacidad de identificar posibles escenarios para las inversiones, que se clasifican de la siguiente manera:

- Escenario pesimista: El peor escenario para una inversión donde el resultado final del proyecto es un fracaso total.

- Escenario probable: como sugiere el nombre, este es el resultado más probable asumido en el análisis de inversión, que es un escenario objetivo y se basa en la mayor cantidad de información posible. Es decir, mirar la situación con objetividad.

- Escenario Optimista: Siempre es posible lograr más de lo esperado, y cuando el escenario es optimista, incentiva a los inversores a tomar riesgos. Por lo tanto, pueden darse cuenta de que en dos inversiones en las que están dispuestos a poner la misma cantidad, el grado de riesgo y rendimiento puede ser bastante diferente, por lo que se debe analizar el nivel de incertidumbre de estas inversiones, así como la posible ganancia que puedan representar, pues entre más riesgo, generalmente, hay mayores ganancias.

Análisis del punto de equilibrio

El punto de equilibrio es un concepto que muchas veces no es interpretado correctamente, dejando de usar así una herramienta financiera de enorme importancia para la salud de nuestra empresa o emprendimiento. Si no podemos calcular el punto de equilibrio, no podremos saber nuestra rentabilidad. Forma de calcularlo, planillas de cálculo y ejemplo desarrollado.

Para la determinación del punto de equilibrio debemos en primer lugar conocer los costos fijos y variables de la empresa; entendiendo por costos variables aquellos que cambian en proporción directa con los volúmenes de producción y ventas, por ejemplo: materias primas, mano de obra a destajo, comisiones, etc.

En muchas ocasiones hemos escuchado que alguna empresa está trabajando en su punto de equilibrio o que es necesario vender determinada cantidad de unidades y que el valor de ventas deberá ser superior al punto de equilibrio; sin embargo, creemos que este término no es lo suficientemente claro o encierra información la cual únicamente los expertos financieros son capaces de descifrar

Sin embargo, la realidad es otra, el punto de equilibrio es una herramienta financiera que identifica el momento en que las ventas solo cubrirán los costos, expresados en valor, porcentaje y/o unidades.

Además, muestra el tamaño de la ganancia o pérdida de la empresa cuando las ventas exceden o caen por debajo de ese punto, lo que lo convierte en un punto de referencia para el cual el aumento de las ventas generará ganancias, sino que también reduce las pérdidas, por lo que se deben analizar algunos aspectos importantes como los costos fijos, los costos variables y las ventas generadas.

Cálculo del punto de equilibrio

Para determinar el punto de equilibrio primero se deben conocer los costos fijos y los costos variables de la empresa, a través de los costos variables se pueden entender aquellos costos que cambian en proporción directa a la producción y las ventas, tales como: materias primas, mano de obra a destajo, comisiones, etc.

Los costos fijos son aquellos que no cambian en proporción directa con las ventas y cuyo importe y recurrencia es prácticamente constante, como son la renta del local, los salarios, las depreciaciones, amortizaciones, etc.

Además, debemos conocer el precio de venta de él o los productos que fabrique o comercialice la empresa, así como el número de unidades producidas.

Para obtener el punto de equilibrio en valor, se considera la siguiente formula:

$$P.E. \$ = \dfrac{\text{Costos Fijos}}{1 - \dfrac{\text{Costos Variables}}{\text{Ventas Totales}}}$$

TIR y Valor Presente Neto

El valor actual neto (VPN) y la tasa interna de retorno (TIR) son dos herramientas financieras que se utilizan comúnmente al evaluar proyectos de inversión, generalmente de mediano a largo plazo, como la creación de un nuevo negocio, el desarrollo de un nuevo producto o la adquisición de una nueva máquina.

El Valor Presente Neto (VAN) mide el resultado de descontar la inversión de un proyecto por el valor presente de los flujos de caja netos que tendrá, mientras que la Tasa Interna de Retorno

(TIR) mide la tasa de descuento a la cual el VAN iguala la inversión.

Debido a su relación (ambos usan la misma fórmula), estos instrumentos financieros suelen usarse juntos, en cuyo caso nos permiten hacernos una idea bastante precisa de la rentabilidad de un proyecto de inversión.

¿Qué es el valor actual neto (VAN)?

El valor actual neto (VAN), también conocido como valor presente neto (VPN), mide el resultado de descontar la inversión de un proyecto al valor actual o presente del flujo de caja neto que tendrá. Si el resultado es positivo es porque existe una ganancia y, por tanto, el proyecto es rentable.

El VAN nos permite saber si un proyecto de inversión es rentable, pero, además, en caso de tener varios proyectos de inversión, nos permite saber cuál es el más rentable y, por tanto, el más atractivo. Asimismo, si alguien nos ofrece comprar nuestro negocio, nos permite saber si el precio ofrecido está por encima o por debajo de lo que ganaríamos en caso de no venderlo.

La fórmula del VAN es:

VAN = BNA − Inversión

En donde:

- **VAN**: valor actual neto (resultado de restar la inversión del proyecto al beneficio neto actualizado).

- **BNA**: beneficio neto actualizado (valor actual del flujo de caja o beneficio neto proyectado, el cual ha sido actualizado a través de una tasa de descuento).

- **Inversión**: inversión total del proyecto.

La **tasa de descuento** (TD) con la que se descuenta el flujo de caja neto proyectado, es la tasa de oportunidad, rendimiento o rentabilidad mínima que se espera ganar con la inversión.

Por lo tanto, cuando la inversión resulta mayor que el BNA (VAN negativo o menor que 0) es porque no se ha satisfecho dicha tasa, cuando el BNA es igual a la inversión (VAN igual a 0) es porque se ha cumplido con dicha tasa, y cuando el BNA es mayor que la inversión es porque se ha cumplido con dicha tasa y, además, se ha generado una ganancia adicional.

- **VAN > 0**: el proyecto es rentable.

- **VAN = 0**: el proyecto también es rentable ya que está incorporado la ganancia de la TD.

- **VAN < 0**: el proyecto no es rentable.

Entonces para hallar el VAN necesitamos:

- Tamaño de la inversión.

- Flujo de caja neto proyectado.

- Tasa de descuento.

¿Qué es la tasa interna de retorno (TIR)?

La tasa interna de retorno (TIR) es la tasa de descuento de un proyecto de inversión que permite que el BNA sea igual a la inversión (VAN igual a 0).

La TIR es la máxima tasa de descuento que puede tener un proyecto para que sea rentable ya que una mayor tasa ocasionaría que el BNA sea menor que la inversión (VAN menor que 0).

Entonces para hallar la TIR necesitamos:

- Tamaño de la inversión.

- Flujo de caja neto proyectado.

- Evaluación de riesgos.

Las empresas enfrentan riesgos cuando realizan inversiones, otorgan crédito a los clientes, realizan tareas operativas diarias para proporcionar productos y servicios a los clientes, capacitan a los empleados y diseñan nuevos productos, es decir, los riesgos provienen de muchas fuentes, por lo que no son bien gestionada Puede haber consecuencias adversas para el propietario de la empresa. Es por ello que, para ayudar a las empresas a generar retornos en el tiempo de manera sostenible, al incorporar el análisis de riesgos en la toma de decisiones, han surgido modelos de gestión de riesgos a través de los cuales ha surgido y estructurado una cultura propicia para evaluarlos, controlarlos, comunicarlos y monitorearlos.

Un marco de gestión de riesgos es una cultura en la que las decisiones se toman de manera disciplinada y los elementos de riesgo y retorno se consideran de manera informada. esta difusión cultural a lo largo de toda la organización, desde las decisiones estratégicas hasta las decisiones rutinarias del día a día de los negocios. El objetivo de una cultura de riesgos, es asegurar que todos aquellos que toman decisiones en la compañía entienden y se comporten teniendo en cuenta la importancia de identificar y medir los riesgos en las actividades actuales y potenciales de la empresa, de comunicarlos y de tomar las decisiones con base en evaluaciones que tengan en cuenta el riesgo y el retorno.

Las empresas que deseen tener una cultura de riesgo deben promover comportamientos como la integridad, la transparencia y la honestidad. Cultura significa comportamiento. Los procesos deben definirse para facilitar los comportamientos deseados, comenzando por identificar y promover la integridad y el comportamiento ético, y luego creando políticas y procesos aplicables para identificar, medir, controlar y monitorear los riesgos.

Para poder ejercer un control efectivo sobre el ejecutivo y evitar los posibles conflictos de interés que pudieran surgir entre las dos partes, el directorio debe ser independiente de la administración. Asimismo, una fuerte cultura de riesgos tiene un sólido gobierno corporativo, entendido como el sistema de reglas, prácticas y procesos que guían y controlan una empresa. Las personas son quienes emprenden acciones, ejecutan procesos, orientan, analizan riesgos, toman decisiones. Por tal motivo, la selección, el desarrollo y la retención las personas con las competencias adecuadas para el logro de los objetivos de la compañía y con las capacidades y la formación para tomar decisiones teniendo en cuenta el riesgo, es el pilar fundamental de la cultura de riesgos.

Evaluación de riesgos

- El modelo de gestión de riesgos de una empresa es un conjunto de elementos organizativos que ayudan a todos los empleados de la empresa a tomar decisiones basadas en riesgos. Para ello, cuenta con la estructura organizacional requerida, roles y responsabilidades, políticas, metodologías, herramientas y procesos que dictan a todos los empleados los medios y medios para una adecuada gestión de riesgos. Otros elementos relevantes del modelo de gestión de riesgos son:

- Mapa de Riesgos, que es un resumen priorizado del impacto y probabilidad de los principales riesgos estratégicos, operativos, de cumplimiento y financieros de una empresa, que permite un diagnóstico inicial de exposición al riesgo.

- Proceso de gestión de riesgos: Es el proceso formal y sistemático de identificar, medir, tratar los riesgos (mitigar, evitar, transferir mediante seguros o tercerización, asumir) y monitorearlos. Existen múltiples riesgos que pueden ser identificados y analizados, sin embargo, los riesgos de fraude, de tecnología y de continuidad de negocio siempre deben ser tenidos en cuenta al realizar la lluvia de ideas de posibles riesgos. Con el fin de priorizar los riesgos y enfocar los recursos en el tratamiento de los más relevantes, es importante medir los riesgos mediante metodologías cualitativas (tales como diseño de escenarios y expertos) o cuantitativas (basadas en registros históricos de pérdidas).

- El registro de evento de riesgos, es la actividad sistemática de registrar en una base de datos los eventos de riesgo al momento de materializarse. Esta base de datos es útil, dado que permite contabilizar las pérdidas en las que ha incurrido la compañía por diferentes riesgos, y facilita la medición en el proceso de administración de riesgos. El registro de eventos es muy útil para el análisis riesgo retorno en la toma de decisiones de la compañía.

Tratamiento a los riesgos

Una vez identificados y medidos los riesgos, es necesario determinar qué se hará con cada riesgo para reducir su impacto o probabilidad. Las opciones de tratamiento de riesgos no son necesariamente mutuamente excluyentes ni aplicables en todas las situaciones, se refieren a acciones que reducen la probabilidad o el impacto de que ocurra un riesgo, o evitan el riesgo por completo, transfieren el riesgo mediante un seguro o subcontratan el negocio que genera el riesgo. Compañía También podrá decidir asumir de manera informada los riesgos identificados, para lo cual define las proporciones atribuibles distribuidas entre los cargos directivos.

Para cada riesgo identificado, se deben identificar posibles tratamientos, seleccionar uno con base en un análisis de costo-beneficio e implementarlo adecuadamente. Implementar estafa no tiene mucho sentido si implementar el tratamiento es más costoso que correr el riesgo. Sin embargo, existen algunos riesgos a los que debe implementarse siempre un control, tales como el cumplimiento de los requerimientos legales, los del cuidado de la vida humana y del medio ambiente, entre otros. Un adecuado control, puede ser preventivo, correctivo o detectivo, tiene una periodicidad definida, está procedimentado, tiene un responsable de llevarlo a cabo y existe la evidencia de que fue ejecutado. Los controles más efectivos, son aquellos que pueden realizarse a través de herramientas tecnológicas, pues permiten controlar un mayor número de usuarios y ser detectivos.

Monitoreo

Para cerrar el proceso de gestión de riesgos, es necesario monitorear la ocurrencia de eventos de diagnóstico y la implementación de tratamientos. El seguimiento y la revisión son claves para la mejora permanente del modelo de gestión de riesgos. La mayoría de los esquemas de evaluación de la madurez del sistema de gestión de riesgos evalúan la medida en que el monitoreo da como resultado acciones de mejora. Los temas a monitorear deben ser cambios en los niveles o tendencias de riesgo, cambios en el entorno externo de la empresa, nivel de implementación de los planes de acción para el tratamiento de riesgos, efectividad de los planes, efectividad de los controles y consistencia entre ellos. Niveles de riesgos identificados y materializados, detección de riesgos emergentes, etc. Algunas de las áreas que el ejecutivo y la junta tienen que definir en términos de monitoreo de riesgos son con qué frecuencia quieren monitorear y si quieren realizar los monitoreos y si quiere realizarlo por medio de auditores internos o externos, o ambos.

Comunicaciones

Debido a que los riesgos crean incertidumbre en su impacto sobre los objetivos organizacionales, debe haber fuertes incentivos para comunicarse y negociar para brindar una seguridad razonable de que los sistemas son adecuados para enfrentar los riesgos. Si el riesgo cambia debido a cambios en el medio ambiente, es probable que se requieran cambios en el tratamiento definido.

Dado que la comunicación y la consulta son aspectos fundamentales para el buen funcionamiento de un sistema, es necesario contar con un plan para que los responsables del desempeño de la empresa, de los proyectos y de los procesos entiendan los riesgos de sus procesos, sus causas y consecuencias, y qué hacer. hacer sobre ellos. Es importante incluir fuentes de información tanto internas como externas para que exista una seguridad razonable de que la base de información sobre la que se toma la decisión es confiable y permite una adecuada toma de decisiones en función del riesgo.

Es importante contar con un equipo de asesores expertos a quienes se les comunican los resultados del análisis de riesgos para que puedan tener una opinión sobre el análisis. Las percepciones de los diferentes grupos pueden variar debido al conocimiento de información de cada individuo sobre el entorno externo o interno, sus propios intereses y su apetito particular por el riesgo. Dado que un punto de vista particular puede tener un impacto significativo en las decisiones que se toman, es importante documentar los supuestos considerados al realizar el análisis y presentarlos al grupo asesor de expertos, especialmente aquellos relacionados con el análisis del material y la importancia de la decisión a la empresa.

Dado que la información que se maneja en un análisis de riesgo es sensible y puede contener aspectos que atenten contra la integridad de las personas, es necesario identificar los destinatarios que, por su rol organizacional, deben tener acceso a esta información y mantenerla confidencial la informacion.

En conclusión, un adecuado sistema de gestión de riesgos permite asegurar razonablemente el logro de los objetivos organizacionales mediante una adecuada cultura de riesgos en la que los riesgos son evaluados, tratados, monitoreados por todos los empleados de la compañía y cuenta con un sistema de comunicación que permite comunicar la gestión de los riesgos a los públicos de interés adecuados.

Presentación del plan de negocio

- Primero que nada, ordenar las ideas:
    1. Apertura que consiga captar la atención.
    2. Necesidad descubierta.
    3. Oportunidad de negocio.
    4. Producto, operaciones, distribución, promoción y precio.
    5. Competencia y análisis de mercado.
    6. Finanzas: rentabilidad, inversión, márgenes y ROE.
    7. Cierre contundente: ganarse al auditorio.
- Trabajar la estética de la presentación, que esté de acorde al proyecto. Puedes seguir algún consejo de cómo hacer una presentación. Y también evitar errores que se suelen cometer.

- Preparar posibles preguntas. Tras la presentación, puede haber alguna que otra pregunta incomoda. Ningún proyecto es perfecto, prepárate las preguntas.

CAPITULO VI

Principios corporativos

Los principios corporativos son un conjunto de creencias y valores que sirven de guía para orientar la vida de una organización.

También podemos definirlos como un conjunto de valores y creencias que rigen el funcionamiento de una empresa u organización. Estos principios determinan lo que es más importante para la empresa. Por lo tanto, deben ser compartidos por todos los miembros de la organización, ya que son el soporte de la cultura organizacional general.

A menudo, se convierten en conceptos, hábitos, comportamientos y actitudes puestas en práctica por las personas que trabajan en la empresa. El propósito de esto es desarrollar y posicionar variables que les puedan dar una cierta ventaja competitiva.

Por supuesto, estos principios determinan la ruta de trabajo y la filosofía de la empresa y no se pueden cambiar. Como tales, forman la base para sustentar los estilos de liderazgo, los procesos de comunicación y las actividades que deben llevarse a cabo.

Beneficios de establecer principios de empresa

En primer lugar, los principios empresariales son elementos típicos y característicos de toda empresa. Se relacionan con las circunstancias y ventajas competitivas que afectan el comportamiento de los empleados, su posición en el mercado y su desempeño económico.

De hecho, estos principios determinan la filosofía que rige el comportamiento de las personas dentro de una organización. Pero también dan forma al comportamiento y las relaciones de una empresa con los proveedores, clientes y accionistas.

Encontramos que las ventajas obtenidas al establecer principios corporativos incluyen:

1. Definen la cultura organizacional

1. Primero, un conjunto de principios que rigen cómo opera una empresa hace posible definir la cultura organizacional. Esta cultura refleja la forma en que todos los empleados y gerentes de la organización piensan y se comportan.

2. Así, la cultura organizacional se basa en estos principios y encarna las creencias más profundas que definen la personalidad de una empresa. Por eso, siempre que nos referimos a la cultura organizacional, pensamos en todos los valores que sirven de inspiración para la vida de la empresa.

3. Establecer normas éticas

4. Segundo, los principios corporativos determinan el código de ética que debe regir el comportamiento y todas las actividades realizadas dentro de la organización. La ética son normas que regulan el comportamiento de las personas, especialmente cuando esas acciones tienen un impacto en los demás.

5. El código de ética permite la creación y entrega de valor desde la parte superior del negocio a todos los niveles de la empresa. Es decir, se comunican desde la alta dirección hasta los niveles más bajos de la organización.

6. No hay duda de que estas normas ayudan a regular el comportamiento humano, especialmente en lo que respecta a sus efectos sobre los demás. Además, estas normas orientan las actividades de las personas, tanto a nivel individual como grupal, para que se den y presenten en las condiciones requeridas.

2. Manifiesta ideas y comportamientos

7. Tercero, encarnar pensamientos y acciones a través de principios. Los pensamientos y los comportamientos son cosas propias que permiten identificar una organización. Los comportamientos organizacionales son más que simples relaciones con los empleados, son conceptos que potencian el desarrollo del talento y el funcionamiento general de la empresa.

8. De hecho, estas ideas y comportamientos organizacionales permiten la adopción de una filosofía cuyo propósito principal es promover el desarrollo humano dentro de la organización.

3. Ayude a proteger los activos de la empresa

9. Cuarto, cuando los principios están claramente definidos, pueden ayudar a una empresa a proteger y preservar sus activos más importantes. Los activos de una empresa son todos los recursos, mercancías, valores y derechos de propiedad de la empresa.

10. Naturalmente, los recursos humanos son uno de los activos más importantes que tiene una empresa y debe proteger. ayuda a su buen funcionamiento y a su permanencia dentro del mercado.

4. Determina los valores

11. Finalmente, permite establecer un sistema de valores que gestiona la empresa. Los valores de una empresa son muy importantes porque guían las acciones de todo el personal. Los valores sirven de base para establecer la misión y visión de la empresa. También determinan el compromiso de la empresa con sus clientes.

Principios de la empresa; Construir sobre sus fortalezas

Los elementos que componen los principios corporativos son:

1. Deseo y Voluntad

   Sobre todo, este deseo demuestra la necesidad del emprendedor de ser reconocido. Pero no basta con tener el deseo de ser reconocido, se necesita la voluntad de realizarlo. La unión del deseo y la voluntad produce experiencia, y la experiencia produce conocimiento. El conocimiento te permite descubrir nuevas oportunidades y aprovecharlas.

2. Estrategia

   Por otro lado, la estrategia consiste en una serie de acciones dirigidas a lograr un propósito específico. Por lo tanto, la estrategia define la manera como la empresa va a competir y a posicionarse en el mercado. La estrategia debe definir la orientación del negocio.

3. El compromiso

Lo más importante es que los principios y valores de la empresa forman parte de la cultura organizacional de la empresa. Por lo tanto, deben aplicarse y realizarse en las acciones y actividades de la organización. De hecho, deberían convertirse en parte de la vida diaria de una empresa.

Tipos de Principios Corporativos; Los principios societarios pueden ser de los siguientes tipos:

1. Sobre la empresa
4. Por supuesto, todos se refieren a los principios por los cuales una empresa opera como institución. La comunicación es uno de los principios más importantes de una empresa ya que facilita el desarrollo de relaciones armoniosas dentro de la organización. La comunicación es fundamental para generar una adecuada gestión empresarial.
5. Además, ayuda a desarrollar la identidad y la cultura organizacional. Otros principios corporativos incluyen la transparencia, la liquidez, la solidez y la estructura corporativa.
2. De los empleados
6. Estos principios definen las normas de conducta o comportamiento de los empleados de la organización. Los principios relacionados con los empleados son la

honestidad, la confidencialidad, la lealtad, la responsabilidad y el trabajo en equipo.

3. Sobre el producto

7. Sin embargo, los principios relacionados con los productos y servicios se refieren a las características o cualidades que deben estar presentes en el producto o servicio que ofrece la empresa. Estos principios incluyen la calidad, el cumplimiento, las técnicas de implementación, los procesos de certificación y la marca.

Características de los principios corporativos.

Las principales características de los principios corporativos son:

- Sirven como marco de referencia de la visión y misión de la empresa.
- No están integrados ni son parte de la misión y visión.
- Son la base de la cultura corporativa.
- Son las normas que regulan la vida de la organización.

En conclusión, podemos estar seguros de que los principios de la empresa son las creencias y valores que rigen la vida de las organizaciones. Establecen lo que es importante para una empresa y constituyen el soporte de la cultura organizacional. Además, son el fundamento de la misión, visión y de los objetivos de una empresa.

Cultura empresarial o cultura organizacional, conoce sus tipos y fundamentos

La cultura de una empresa, sin importar su tamaño, debe reflejar las creencias del negocio y las relaciones que se desarrollan entre empleados, clientes y todas las partes involucradas en el modelo de negocio.

Brinda a la empresa las herramientas para un crecimiento continuo al equilibrar las ganancias comerciales con los valores éticos y humanos. De esta manera, una organización logra un crecimiento profesional y personal, ambos elementos esenciales en el mundo empresarial actual.

1. Respeto a la dignidad humana:

   La empresa logra tener éxito en el trato con los miembros. trabajar en un entorno que valore, comprenda e incorpore la diversidad generacional, de género y de otro tipo, garantiza una buena productividad y una fuente variada de ideas potencialmente claves para la compañía. Todo. empresario debe guiarse por el lema: "Trataré a los demás con el respeto que me gustaría que me trataran".

2. Compromiso con la máxima integridad en todo lo que hacemos: Aunque se practica con mayor frecuencia en ciertos mercados, la integridad y la honestidad deben ser las señas de identidad de un empresario, como lo serán de la empresa en la que trabaja. Si la ética laboral es un principio fundamental del trabajo en su empresa, entonces podrá mantener el respeto de las personas con las que trata.

3. Confianza: siempre debe optar por crear un entorno de confianza mutua entre usted y sus empleados. Debe estar seguro de que sus empleados completarán las tareas que les asigne sin revisar y volver a revisar constantemente su trabajo. Para ello, debes permitir la libertad de acción de

los empleados y equipos de trabajo, porque entonces creas la responsabilidad que necesitan para llevar a cabo sus tareas. como. Comprender cómo delegar funciones es fundamental para el éxito de su negocio.

4. Credibilidad: Tu empresa debe tener la confianza de todo el público, por lo que siempre debes "hacer lo que predicas". Esto es, que si tu empresa tiene una misión, nombre o eslogan que habla de la rectitud y el respeto, debes esforzarte porque cada uno de los miembros de tu compañía lo refleje al realizar lo que ha prometido en el tiempo en el que se ha comprometido.

5. Mejora continua en todo lo que hacemos: Siempre debe estar atento a la renovación personal a través de la educación y la capacitación, ya que es una inversión en sus empleados y en la empresa.

Este tipo de formación es fundamental para la supervivencia a largo plazo de las empresas, ya que ayuda a adaptarse a la innovación y el cambio, al tiempo que las anima a hacer sugerencias.

A lo largo de los años, la cultura corporativa ha jugado un papel protagónico en una organización. Tener una cultura organizacional unificada no solo ayuda a mantener un excelente ambiente de trabajo, sino que también facilita una comunicación transparente con nuestra comunidad. Competidores, clientes, socios, la sociedad en su conjunto. También nos ayuda a lograr nuestros objetivos comerciales.

Independientemente, debe recordar que la cultura comercial de una empresa es inherente a ella. No importa cuánto tiempo inviertas en definirlo. La cultura de una empresa se basa en valores y hábitos que se construyen de forma natural. Y establecen los principios sobre los cuales los empleados toman sus decisiones ejecutivas.

A continuación, te explicamos todo lo que necesitas saber sobre la cultura empresarial. Tendrás acceso a una encuesta a través de la cual podrás conocer la cultura organizacional de tu empresa.

¿Qué es la cultura corporativa o cultura organizacional?

La cultura empresarial es el conjunto de valores, creencias, hábitos, tradiciones, actitudes y experiencias de una organización y sus miembros. Es una combinación de diferentes conceptos fundamentales compartidos por todos los miembros de una organización y afectará directamente su comportamiento.

Este es un determinante de la imagen de la empresa en el exterior, y del comportamiento de sus integrantes internos y externos. La cultura debe reflejar la personalidad de la empresa. Estas son las bases que la empresa debe definir con anticipación y servirán como parámetros cada vez que una nueva organización se incorpore a la organización.

La realidad es que la cultura organizacional será diferente de a la competencia. Esta cultura o esencia, se verá reflejada en la psicología de la empresa y será algo que podrán ver tanto los clientes como el talento que se convierta en candidato a algún puesto. Es, dicho de otra manera, la imagen de la organización, la identidad de esta y su lugar en la sociedad.

Tipos de cultura organizacional en una empresa

Según Stephen Robbins, autor y experto en cultura organizacional. Solo hay dos culturas corporativas: fuerte y débil. Las personas fuertes suelen tener valores firmes y coherentes que se respetan. Y un desvalido es solo una persona sin una definición clara. El liderazgo también debe mejorar muchos aspectos de la gestión de personas.

Sin embargo, el modelo de tipo de cultura organizacional de Cameron y Quinn explica que dentro de culturas organizacionales bien definidas, se pueden ver diferentes tipos. Estos se aplican de una forma u otra y no tienen el mismo objetivo. Echemos un vistazo a los diferentes tipos de cultura organizacional.

Orientación de clanes

Este tipo de cultura empresarial se basa en principios sólidos y promueve la cohesión y la buena comunicación entre los empleados. Estas organizaciones tienen valores familiares y fomentan el trabajo en equipo. La idea es construir una cultura de empresa de la misma forma en que se haría dentro de un núcleo familiar.

Adhocrática

A diferencia de un sistema burocrático, un sistema ad hoc aboga por romper con los engorrosos procesos administrativos. Porque estos ralentizan la gestión del trabajo dentro de la empresa. Este tipo de organización apuesta por el autoliderazgo, la innovación, la toma de decisiones y la voluntad de asumir riesgos.

Conociendo la cultura empresarial

En capas

Se centra en una organización bien estructurada. En él se estableció una jerarquía piramidal. Lo que importa es la eficiencia y el flujo. Sin importar el talento detrás de ellos. Este es un tipo de organización bastante común en la actualidad. Pero poco a poco va perdiendo su lugar en el mundo de los negocios.

Orientado al mercado

Basado en un estudio del juego y objetivos claros. En este tipo de cultura organizacional, lo principal son los resultados. Para ello se utilizan herramientas de marketing en los diferentes niveles y departamentos de la organización. Enfócate en tu público objetivo y competidores.

Por qué es importante trabajar en la cultura organizacional

La cultura organizacional de una empresa define los límites y normas de comportamiento general dentro de la organización. Además de fortalecer el compromiso, la pertenencia y la unidad entre equipos y colaboradores. Proporcione algo de control y promueva un comportamiento positivo. ¿Pero qué más hizo?

Además, la cultura organizacional es la columna vertebral sobre la que se construye una empresa. Porque marca su rumbo. Asimismo, define cómo deben relacionarse los empleados con el equipo, los clientes y el mercado en general.

No cabe duda de la importancia de los dos pilares de los que depende la cultura corporativa. Uno de ellos es interno, que tiene que ver con los empleados, gerentes, equipos y clima organizacional. El otro es externo, que está relacionado con la industria y el entorno al que pertenece la empresa.

En cuanto al eje interior, hay que tener en cuenta que todo empleado quiere sentirse reconocido, identificado con la cultura de la empresa en la que trabaja. Es importante, por ello, que la organización sepa transmitir los valores, hábitos y costumbres que allí se rigen. De esta manera, se buscará que todas las personas que conforman la empresa estén inmersas en la cultura organizacional. Siendo los principales promotores de su identidad y visión.

Relacionados con el ámbito social. La cultura organizacional de una empresa es una cultura organizacional que transmite sus valores, misión y costumbres. Se refiere a la imagen que proyectas a la comunidad y la forma en que te comunicas con ella. En este sentido, podemos hablar de la visión de nuestra empresa en temas como la responsabilidad medioambiental. Lucha por la igualdad de género o los derechos de las minorías.

Metas e Indicadores de Cultura Organizacional

Lo cierto es que el deseo de tener una cultura organizacional sólida no es suficiente para que sea un fiel reflejo de las personas que trabajan en ella.

Tenemos que pensar en un conjunto de objetivos que nos ayuden a construirlo y difundirlo en toda la empresa. Al mismo tiempo, debemos considerar las métricas que nos permitan medirlo. Y ser capaz de actuar con decisión con el objetivo de lograr el éxito de la organización.

Hay 3 métricas clave que pueden ayudarte a medir la cultura organizacional de tu empresa:

- Métricas de eficiencia

  Nos ayudan a medir el retorno de la inversión entre el esfuerzo y el costo. Es crucial que las empresas consideren dichas métricas para aprovechar al máximo los recursos que invierten en cada proyecto. Esto lo puedes medir a través de un plan de acción donde establezcas competencias y tareas asignadas, señalando los responsables que pueden liderar el proyecto.

- Indicadores de resultados

  Se basa íntegramente en la medición del impacto de diversos servicios en los intereses de la empresa. Los resultados se pueden observar en términos del logro de metas.

- Indicador de retroalimentación

  En muchas empresas, las revisiones de desempeño o clima laboral se realizan anualmente o cada seis meses. Esto hace que sea difícil concentrarse en las solicitudes de los empleados. En una cultura empresarial sólida, la retroalimentación continua con los colaboradores es muy importante.

Ejemplos de una cultura organizacional

En lo que a cultura empresarial se refiere, el gigante "Google" es un referente. La misión de la empresa es organizar la información de todo el mundo. Hazlo accesible para cualquiera. Uno de los valores más importantes que Google comunica a sus empleados es compartir y democratizar la información que impulsa la innovación.

Para mantenerse a la vanguardia, desde la perspectiva de Google, la innovación es un factor clave. Por ello, abogan por que empleados, clientes y socios se interesen por este tema capital en los negocios y la tecnología.

Google anima a sus empleados a dedicar el 20% de su tiempo de trabajo a ideas innovadoras. Para ello, les proporciona un espacio de trabajo cómodo y divertido. Esto permite a los empleados mostrar toda su creatividad generando iniciativas realmente interesantes.

Google se ha vuelto famoso, no solo por su estructura comercial y tecnología. Sino también, por su cultura empresarial. Esto ha impactado tanto en el mundo empresarial, que desde hace seis años consecutivos encabeza la lista de mejores empresas para trabajar según Fortune. En el 2019, además, Google ganó los premios Comparably, sobresaliendo por el de "Mejor Cultura Empresarial ".

Comparablemente es una empresa que exige transparencia al mundo empresarial. Le permite a cualquier empleado saber si está recibiendo una compensación financiera o una compensación flexible que sea promedio, inferior o superior al mercado. Esto demuestra que Google sigue siendo una de las empresas más populares.

Starbucks

Starbucks es también una de las empresas más reconocidas por su cultura empresarial. La clave de su éxito es el servicio al cliente. Detalles encontrados y llamarán su nombre para recoger su compra. Regalos que hacen para consumidores y empleados. Identidad de marca muy cuidada, encaminada a generar sensación de intimidad y confort.

La característica de la cultura de Starbucks está centrada en la familia. Los empleados se llaman a sí mismos socios, y se llaman así entre sí. No hay jerarquía, pero tienen un organigrama horizontal donde todos se apoyan entre sí. La forma en que Starbucks se relaciona con la comunidad también es bastante conocida. Posee programas orientados al cuidado medio ambiental como "Shared Planet". Que tiene el compromiso de adquirir el mejor café para sus consumidores. Pero también combatir el cambio climático y mejorar la calidad de los barrios y comunidades en que están presentes.

Coca-Cola

La misión de Coca-Cola es llevar optimismo y alegría a los clientes brindándoles productos de calidad. Para lograrlo, apelan a valores como el liderazgo, la integridad, el desempeño, la colaboración, la responsabilidad, la pasión y la diversidad. Este es el secreto del éxito de Coca-Cola, tener una cultura organizacional sólida y transparente. Como se indica en su manifiesto de crecimiento.

La empresa es conocida en todo el mundo por su eslogan "El sabor de la felicidad". Su objetivo es inspirar a los empleados a dar lo mejor de sí todos los días.

Cuida el medio ambiente y apoya una comunidad sustentable. Este es otro propósito suyo. Y una red de trabajo que genera confianza y valores compartidos.

¿Cómo entender su cultura organizacional a través de la investigación?

- Conozca a su equipo: observe y analice las percepciones de los empleados sobre el trabajo, los compañeros de equipo y el liderazgo mientras habla con ellos.
- Motivación de los empleados: Cómo responden los empleados cuando se anuncia una iniciativa o mensaje. La mayoría de la gente no está de acuerdo, piensan que es correcto hablar de un tema u otro.
- Organización e imagen de la empresa: Observar la decoración de la empresa, ¿está todo limpio y ordenado? ¿Cómo se mantienen las instalaciones? ¿Qué tipo de adornos usas en tu mesa de comedor? ¿Conocen la salud de todos? Estas son algunas preguntas que puedes hacerte y que te darán la clave para entender qué valores vive tu empresa.
- Entrevista con colaboradores: otra excelente manera de conocer la cultura organizacional de su empresa es obtener las perspectivas de los empleados a través de entrevistas, grupos focales o encuestas. Esto no sólo le ayuda a comprobar el entorno de trabajo de la empresa. Pero también

comprende los principios o valores que comparten la mayoría de tus colaboradores.

10 principios para desarrollar una empresa exitosa

Un negocio exitoso siempre tendrá en cuenta los siguientes principios para ganar la competencia y tener éxito en el mundo competitivo de hoy.

Prácticas de las empresas exitosas de hoy

1. Esfuércese siempre por la más alta calidad: la calidad siempre será el factor decisivo en las decisiones de compra de las personas, los productos de mala calidad permanecerán estancados durante mucho tiempo, por lo que se requieren pruebas constantes, fallas y mejoras en las especificaciones. producto o servicio. El milagro japonés comenzó con la idea de mejorar la calidad de toda la nación.

2. Buscar calidad en el servicio: Destacar la calidad del servicio brindado siempre garantizará la lealtad del cliente. El servicio al cliente es la parte donde un negocio se presenta a los consumidores, y es un espacio propicio para interactuar con los consumidores. La búsqueda de la máxima satisfacción del cliente debe ser siempre el objetivo principal.

3. Buscar establecer el precio más competitivo: Con la misma calidad, el precio será el factor decisivo para cualquier compra, y la eficiencia (producir a menor costo sin sacrificar la calidad) será la garantía de competitividad a largo plazo. determinar el precio correcto para la estrategia de la empresa.

4. Buscar la mayor participación de mercado: Las empresas en el mundo actual buscan mantener una participación de mercado o una participación de mercado suficiente para generar grandes volúmenes. Cuanto mayor sea el nivel de compromiso, mayores serán las ganancias y mayor será la oportunidad de desarrollar economías de escala.

5. Adaptabilidad y personalización: Las empresas ganadoras desarrollan productos "hechos a la medida del consumidor" y se esfuerzan por personalizar los productos tanto como sea posible para crear exclusividad. Tener una estrategia de marketing uno a uno y ampliar la combinación de marketing con la personalización es la regla básica para las empresas de hoy.

❖ Calidad

❖ Servicio

❖ Precio

❖ Participación

❖ Personalización

❖ Mejoramiento

❖ Innovación

❖ Mercados alto crecimiento

❖ Superar al cliente

❖ Pensar estratégicamente.

6. Mejora continua: en todos los procesos de la empresa. Proporcionar una mejora continua del producto. El ejemplo más obvio es el de la informática y la tecnología, industrias que continuamente ofrecen mejores y más rápidos productos. En este punto es importante recordar los 14 puntos de Deming.

7. Innovación e investigación continua: Es necesario formular políticas de investigación y desarrollo que generen nuevos productos, creen nuevas demandas, satisfagan nuevas demandas e introduzcan otras nuevas. Como dijo Peter Drucker, "La innovación deliberada, generada a través del análisis, la sistematización y el trabajo duro, es todo lo que se puede resolver en la práctica de la innovación" (ver el artículo La innovación es más que ingenio).

8. Busque mercados de alto crecimiento: las oportunidades más rentables se encuentran en los mercados emergentes, los nichos de mercado sin explotar y los mercados de alto crecimiento. Los mercados de bajo crecimiento suelen ser los más competidos, los inexplorados presentan grandes oportunidades de negocios y grandes retornos sobre las inversiones.

9. Vaya más allá del cliente: aprenda cómo sorprender a sus clientes. Cuando una persona obtiene más de lo que esperaba, siente una satisfacción adicional. Los compradores se sienten motivados a seguir gastando si, además de estar satisfechos con su compra, reciben incentivos adicionales por un producto de mayor calidad, precio, cantidad o servicio.

10. Pensamiento Estratégico: Análisis de Tendencias, Elaboración de Planes, Desarrollo de Estrategias a Corto, Mediano y Largo Plazo... Organización Empresarial y Su Importancia.

Orientación y Gestión

Para que una empresa se desarrolle sin problemas, debe tener muy claros los principios de organización empresarial. No es de extrañar que toda organización necesite organizar sus recursos y funciones para cumplir una serie de objetivos. Para ejecutarlo con éxito, la gestión de todos estos principios es un punto de partida fundamental.

Los 12 principios de organización

Se han verificado casos exitosos en modelos de negocio centrados en el ser humano. Pero más allá de eso, hay 12 principios ampliamente aceptados que son fundamentales para el funcionamiento de cualquier organización.

1. Orientado a objetivos

   Todas las acciones consideradas por la organización deben estar vinculadas a los objetivos de la empresa. Esto significa que cada puesto o departamento creado solo se justifica si ayuda a alcanzar los objetivos previstos.

1. Especialización

   Debemos recordar que para aprovechar al máximo las capacidades de nuestros recursos humanos, es muy importante limitar sus actividades a un pequeño conjunto de actividades específicas. Cuanto más específicas sean sus tareas, más habilidad y eficiencia ganará.

2. Jerarquía

   Se debe crear una cadena de mando a través de la cual se distribuye la autoridad en la organización. Esto nos ayuda a aumentar nuestro control sobre las tareas y los resultados y puede marcar la diferencia, como incentivo profesional.

4. Unidad de mando

   Una vez establecidos los procedimientos y reglas operativas en la cadena de mando, debemos designar un centro de decisión y autoridad para cada misión. Es decir, cada grupo de subordinados tiene un jefe.

5. Difusión

La divulgación y disponibilidad de la información relacionada con las estructuras y procesos de la empresa (obligaciones de cada puesto, responsabilidades...) es clave para que los empleados comprendan el alcance de sus actuaciones.

6. Rango de control

A la hora de construir una línea maestra se debe seguir un criterio de racionalidad: cada supervisor debe gestionar únicamente el número de empleados que le permita obtener los mejores resultados.

7. Coordinación

Las responsabilidades asignadas a las diferentes partes de la empresa (Finanzas, Marketing, Recursos Humanos...) deben estar alineadas para que puedan contribuir proporcionalmente a la consecución de los objetivos de la organización.

8. Comunicación

Para que cualquier organización funcione correctamente, debemos tener una comunicación bidireccional continua (políticas y planes de la empresa, sugerencias, quejas, noticias.

9. Flexibilidad

Este principio, que hoy es más importante que nunca, se refiere a que las empresas deben ser capaces de realizar los cambios y ajustes necesarios para adaptarse a las condiciones de un mercado dinámico y rápidamente cambiante.

10. Eficiencia

Conseguir los máximos resultados al mínimo coste es uno de los principios fundamentales de supervivencia de cualquier organización. Objetivos amplios logrados al influir en múltiples factores: desde funciones de gestión hasta mejorar la satisfacción de los empleados.

11. Continuidad

Este principio se refiere al hecho de que cuando nos organizamos, tenemos que pensar en el largo plazo. Todo proceso en la empresa debe tener un inicio y un tránsito hasta la realización de los objetivos marcados, teniendo en cuenta sus eventuales ajustes.

12. Responsabilidad

Toda asignación de tareas y recursos requiere la generación y distribución de responsabilidades entre los diferentes miembros de la organización. Las responsabilidades dependerán del rol y rango de cada uno de ellos.

Estos principios de organización empresarial son sólo la vanguardia de un amplio campo de la práctica teórica. Como una escuela que brinda a los estudiantes el conocimiento que necesitan para prosperar en el mundo de los negocios.

CAPITULO VII

Metodologia AGILE Y HOLOCRACIA

En la gestión de personas, encontrar formas diferentes de ejecutar nuestra misión y construir la cultura de nuestra empresa debe ser siempre una prioridad. ¿Sabes lo que significa dictadura? ¿Cómo funciona y cómo puedes implementarlo en tu negocio? En este artículo te daremos más detalles sobre este concepto.

Hable acerca de ser moderno o al menos "fuera de la caja" cuando se trata de trabajar dinámicamente con nuestra fuerza laboral. No hay duda de que la Holacracia es un enfoque altamente disruptivo que puede conducir a resultados interesantes. Pero al final del día, ¿qué es el sistema?

Si eres nuevo en este concepto, en este artículo discutiremos los siguientes puntos:

que significa holocracia

En resumen, cuando nos referimos a la holocracia, solo estamos hablando de una organización "sin jefe". Es un concepto completamente horizontal de la toma de decisiones dentro de una empresa.

En un sistema organizacional que opta por la Holacracia, ninguna persona o rol está por encima de otra persona o rol. En otras palabras, no existe un orden jerárquico tradicional en la estructura interna de la empresa. Si tuviéramos que hacer un organigrama de empresa bajo esta premisa, podríamos visualizarlo como una estructura circular.

Holacracia significa compromiso con los valores y la cultura de empresa, que posibilita el comportamiento social y la conexión entre las partes, lo que facilita el procesamiento rápido, seguro y confiable de cada idea en un solo paso adelante.

Esto se debe a que todos tienen suficiente responsabilidad y libertad para proponer, liderar y ejecutar iniciativas que impacten positivamente en las metas del negocio.

Las ideas de cooperación y comunidad están íntimamente relacionadas con el concepto de holocracia. Esto se debe a que está diseñado para fortalecer las habilidades y capacidades interpersonales de todos los que son buenos para el liderazgo.

El concepto fue acuñado y popularizado en 2013 por el minorista de calzado de comercio electrónico Zappos cuando decidió terminar con el jefe corporativo y adoptar una estructura circular. Este ejemplo llegó a oídos del estadista y escritor Federico. Laloux decidió incluir esta historia de éxito en su libro de 2014, Reinventing Organizations.

Cómo funciona la holocracia

La cultura empresarial existirá en cualquier organización y está más o menos definida. Incluso en entornos de trabajo donde no existen pautas específicas sobre cómo realizar ciertos procedimientos. La cultura se formará inconscientemente por los usos y costumbres de las personas que integran la fuerza de trabajo.

Por ello, y para evitar cualquier tipo de inconveniente, lo mejor es no dejar que este aspecto de la gestión de RRHH sea casual. En el caso de la holocracia, existen al menos seis pilares que conforman la cultura organizacional bajo el sistema.

Libro de reglas

Si bien no hay un líder por encima de los empleados, una organización tipo cartel no sería sinónimo de caos. Más bien, es una de las formas de gestión más estructuradas que existen. Las reglas de orden están articuladas en la Constitución de la Holacracia.

Esta es la base para determinar cómo debe funcionar la organización. Debido a que existe una dirección y un orden tan claros, los empleados saben exactamente qué hacer.

Las reglas son muy claras para garantizar que nadie se confunda o sospeche sobre cómo funciona el proceso o quién es responsable de qué, evitando así cualquier tipo de confusión.

Al adoptar este sistema, la política de su empresa se verá naturalmente muy afectada y deberá ajustarse para ser compatible con este enfoque.

Roles bien definidos

Una organización basada en la holocracia elimina todas estas conjeturas, dudas e inconvenientes de la gestión de proyectos. Bajo este sistema, no hay duda de quién se encarga de cada labor, qué tareas tiene bajo su órbita y qué equipos integra.

Las personas pueden tener múltiples roles en la organización, pero cada rol tiene un propósito específico en términos de responsabilidad, función, autoridad y áreas de control.

Trato directo con los líderes

Tradicionalmente, una empresa está dirigida por uno o varios jefes de diferentes rangos. Y, en caso de que un empleado necesite conectarse con uno de estos tomadores de decisiones. Tiene que lidiar con ciertos procesos que a menudo actúan como un obstáculo para proponer y realizar cambios.

En este sentido, Holacracy ha desarrollado un enfoque específico sobre cómo se llevan a cabo las interacciones y reuniones. Todo ello está diseñado para facilitar la interacción entre todos los empleados.

Es por ello que la Holacracia ayuda a eliminar los cuellos de botella en la toma de decisiones. El poder se distribuye en toda la organización. Todo el mundo tiene la misma voz y cada voz se tiene en cuenta.

Elimina el ruido en tu comunicación

Si bien algunas empresas cuentan con sistemas y plataformas de comunicación interna, esta siempre debe ir acompañada de una fuerte cultura que favorezca este aspecto.

Porque Holacracy no tiene una estructura de autoridad vertical de arriba hacia abajo. Cada empleado puede autogestionar sus tareas. Entonces, en lugar de que los empleados planteen sus preocupaciones a sus supervisores. Y al tener que esperar a que la alta dirección tome una decisión final, Holacracy elimina esos pasos innecesarios.

Usando el método ÁGIL

Este método también se utiliza en técnicas de productividad por su buen efecto. Pero Holacracia, porque ya no hay cuello de botella en la toma de decisiones. Las organizaciones pueden funcionar de manera eficiente y las decisiones se pueden tomar al instante.

Al mismo tiempo, debido a que las decisiones no las toma una sola persona, los empleados pueden realizar cambios rápidamente. De esta forma, la holocracia no crea una presión de trabajo que afecte la atmósfera y la rotación, sino que crea un ambiente de alta motivación para alcanzar las metas.

El mundo está en constante cambio, y la organización del trabajo no se queda atrás. La metodología HR Agile es una de las más necesarias para implementar en las organizaciones. Porque te ayudan a adaptar formularios y flujos de trabajo a las necesidades de tu negocio. Uno de los objetivos de tales métodos es optimizar el tiempo de finalización del proyecto y lograr mejores resultados. Es por eso que hoy vamos a discutir este método y su importancia con más profundidad.

¿Qué es la Metodología Ágil en RRHH?

Esta metodología nació en realidad en el mundo del desarrollo de software a principios de la década de 2000. Como método de trabajo, rompe reglas previamente establecidas y decide, entre otras cosas, que las personas y sus interacciones son más importantes que las herramientas y los procesos, y que adaptarse al cambio es preferible a seguir un plan previamente trazado.

Para los RRHH la Metodología Ágile implica

Destacar la colaboración e interacción entre personas y empleados en relación con los procesos organizacionales.

seguir mejorando Los errores se consideran naturales y se pueden aprender lecciones para agregar valor a la empresa.

trabajar en estrecha colaboración con los clientes

Ser ágil a la hora de adaptarse al cambio. Como decíamos, el mundo está en constante evolución y las organizaciones no pueden quedarse quietas.

Entonces, ser una empresa ágil significa estar dispuesto a ser ágil, adaptable, valorando a las personas y reconociendo su trabajo y esfuerzo, pero ¿cómo se hace eso?

Cómo convertirse en una empresa ágil

Avanzar hacia métodos ágiles no es algo que todas las organizaciones estén dispuestas a emprender. Después de todo, ágil es un cambio del statu quo tradicional con el que muchos pueden sentirse incómodos. Pero es fácil de hacer y, como veremos, puede ser muy beneficioso para las empresas.

Estos son los pasos que deben dar las empresas para adaptarse por completo a esta nueva forma de trabajar:

Encuentra la brecha

Este debe ser el primer paso, sí o no, para que la implementación del método sea completa y 100% válida y funcional. RR.HH. debe tener la plena confianza del directorio para estudiar a la empresa para saber dónde están las brechas y cómo solucionarlas, ya sea reorganizando el personal, brindando capacitación a los empleados o eliminando prácticas obsoletas. Incompatible con el método.

Formación y Desarrollo Personal

Uno de los pilares de los métodos ágiles es la mejora continua, y las empresas deben impulsarla desde dentro. Ofrecer cursos subvencionados a tus empleados para que puedan mejorar sus habilidades personales y profesionales aumentará su motivación y los convertirá en profesionales cada vez más capaces, aumentando su productividad.

Comunicación y colaboración

Otro pilar de este enfoque es la colaboración entre equipos y el fomento de la interacción humana. Aquí hay algunas cosas importantes para recordar:

Habilitar el espacio fisico

Las empresas que realmente quieran ser ágiles deben repensar el espacio de trabajo tradicional, convirtiéndolo en un espacio abierto donde diferentes profesionales puedan hablar entre ellos, compartir ideas y descubrir nuevas perspectivas que les ayuden a mejorar. Tener un espacio para tomar un descanso o comer también es una forma de fomentar la comunicación entre los empleados, y fortalecerá los lazos con colegas con los que de otra manera no hablarían. Varios estudios han demostrado que hacer amigos entre colegas aumenta la motivación y la productividad de los empleados.

Involucrar a todos los empleados en el cambio de la empresa

Ya sea anunciando esta nueva estrategia de recursos humanos, o cualquier otro cambio en su ambiente laboral.

Los empleados deben saber lo que sucede a su alrededor para que no se sientan perdidos y sus objetivos se alineen mejor con los de la empresa y su cultura.

Espacio virtual

Una excelente manera de mantener informados a sus empleados es tener un portal de empleados donde publique varias noticias. Desde cambios importantes en la empresa hasta nuevas puestas en marcha, cumpleaños, eventos de empresa o logros de empleados (profesionales o personales). Tener una red social corporativa también es una excelente manera de difundir las noticias de la empresa a un público más amplio, que pueden ser amigos y familiares de los empleados.

Ver los errores como oportunidades de mejora

Fundamental para mejorar la comunicación y la colaboración entre equipos es eliminar el estigma asociado con cometer errores. No son cosas para esconder, sino oportunidades y ejemplos para mejorar. Los empleados deben poder innovar y desarrollar libremente su trabajo sin miedo o vergüenza al castigo. Una buena gestión de conflictos será también un método excelente a partir del que aprender.

Contar a los perfiles adecuados

Los métodos ágiles deben convertirse en parte de la cultura empresarial de la organización, por lo que los empleados deben comprender este nuevo enfoque lo suficientemente bien como para adaptarse a él, y los responsables de las nuevas contrataciones deben asegurarse de que los futuros empleados hagan lo mismo para que puedan sentirse cómodos en sus nuevos puestos de trabajo.

¿Por qué implementar métodos ágiles?

Según un informe de Hubspot, uno de los mayores desafíos para el crecimiento es la dificultad de administrar el tiempo y los proyectos de manera efectiva. La falta de implementación de procesos y prácticas ágiles dificulta el enfoque adecuado en las tareas.

Compartiremos algunas de las razones por las que implementar métodos ágiles puede ayudar a mejorar su negocio:

- Incrementar la motivación de los equipos de trabajo. Lo que busca este enfoque es la capacidad de empoderar a los empleados y realizar sus tareas con mayor motivación.
- Además, te ayuda a mejorar tus procesos y a dar a tus empleados objetivos más claros y definidos, que les facilitan el desempeño de sus tareas diarias.
- Reducción de costes para la empresa. Al optimizar su proceso, puede eliminar variables que pueden afectar los costos de producción. Lo que se busca es aumentar la eficiencia de nuestras tareas y para ello es importante realizar un análisis detallado de todos los procesos y valorar cuáles son realmente necesarios y cuáles se pueden mejorar.

- Elevar el nivel de resultados. Mediante la evaluación de cada parte del proceso, el objetivo es encontrar la mejor manera de lograr cada objetivo. Buscar mayor calidad, mejores tiempos de producción y mejores resultados.
- La importancia de implementar métodos ágiles en recursos humanos.

Cuando decimos que las metodologías ágiles son una tendencia en RRHH, no nos referimos a que sea una moda pasajera. nombrarla así significa que algún día dejará de usarse y, esperamos, que no vaya a ser así. A fin de cuentas, lleva ya casi 20 años entre nosotros y a demostrado con creces sus ventajas y beneficios.

Atracción de talento y reclutamiento

Cuando se trata de atraer talento, una empresa que fomenta la flexibilidad y la colaboración, y escucha y valora a sus empleados ya ha hecho parte del trabajo de tener una estrategia de marca empleadora fuerte y efectiva. La compañía será más atractiva a ojos de los futuros empleados y le dotará de mayor competitividad, lo que ayudará a atraer el talento necesario para alcanzar con éxito sus objetivos.

Además, a medida que ejecuten el proceso de contratación, sabrán adaptarse mejor a los cambios que puedan surgir, y dado que todos los equipos y departamentos están en constante comunicación, RRHH tendrá más información sobre los perfiles requeridos para cada puesto, como ser más eficaz en su contratación. Todo esto ahorrará molestias y costes a la empresa, ya que habrá menos errores.

Experiencia del empleado

Trate a los empleados como personas, no solo como recursos. Hacerles sentir que su trabajo vale la pena es el primer paso para hacer una buena experiencia de empleado. Ya sabes que un trabajador contento con su trabajo y motivado será mucho más productivo. Y que al reconocer sus esfuerzos evitas el absentismo, el índice de rotación y la desmotivación. Algo que puede suponer grandes pérdidas para la empresa.

El papel de Factorial dentro de una empresa AGILE

Como decíamos, es fácil implementar métodos ágiles en el flujo de trabajo de las empresas y departamentos de RRHH. Sin embargo, puede ser un poco abrumador al principio. Por eso te recomendamos Factorial RH. Un plan de recursos humanos lo ayudará a realizar tales cambios. Y ponga en marcha la digitalización que su empresa necesita.

Calendario de Licencias y Ausencias

En el software de recursos humanos, hay un calendario de vacaciones y ausencias. Cada empleado puede elegir las fechas y los motivos de las ausencias. Su supervisor será notificado inmediatamente. Puede aceptar o rechazar solicitudes de tiempo libre según su calendario de trabajo. Los empleados recibirán respuestas automáticamente. Acelere el proceso a minutos en lugar de las largas horas que los empleados tienen que esperar. Cuando el responsable de RRHH tiene que consultar varias hojas de Excel para contestar.

Portal del Empleado

En Factorial RH, cada empleado dispone de un portal del empleado. Esto se sincroniza con el calendario, donde puede ver los eventos programados para esa semana. Eventos de team building, almuerzo o cena, viajes y más. Además, quién estará en la oficina y quién no. Y qué celebraciones hay (cumpleaños, aniversarios de empresa). Estas dos características ayudan a mejorar la comunicación interna, agilizar y flexibilizar los equipos de trabajo. Manténgalos actualizados con las actualizaciones de la compañía. Y ayudarlos en la organización de la semana laboral y las tareas que deben realizar.

Administrador de documentos

Además, Factorial HR dota a cada empleado y a su supervisor de un gestor documental personal. Esta sección le permite guardar diversa información. Los ejemplos incluyen contratos, documentos de identificación, documentos de vacaciones e incluso talones de pago. Puede enviar automáticamente directamente desde el mismo programa. La agilidad que supone la sincronización de todo ello con el calendario y la automatización de los avisos. Ayuda al departamento de recursos humanos a ahorrar hasta 6 horas a la semana. Lo que les permite dedicar mucho más tiempo a los empleados. Y a la mejora continua de sus estrategias de RRHH.

Retribución flexible

Uno de los pensamientos que debes dejar atrás a la hora de cambiar el status quo de tu empresa. El dinero lo es todo. Obviamente, a los empleados se les debe cobrar lo que les corresponde por su trabajo. Pero existen herramientas de nómina que se pueden usar para demostrar que los trabajadores son reconocidos y valorados por sus esfuerzos. Estas herramientas no son solo para aumentar su cheque de pago. Un plan de compensación flexible es el mejor camino a seguir. Porque se adaptan a las necesidades individuales de cada empleado. Con Factorial RH puedes implementar planes de compensación flexibles, rápidos y sencillos con tan solo unos clics. Los empleados podrán ver cuánto están ahorrando con cada beneficio que ofreces. Si quieres saber más, puedes consultar nuestro artículo sobre beneficios laborales aquí.

Sí, se conservan las jerarquías.

No, no hay títulos de trabajo, ni vicepresidentes para supervisores, ni supervisores para empleados. Simplemente significa que no existe por sí mismo el concepto de gestión con subordinación.

En cambio, lo que realmente sucede es que los roles se adquieren a través de un proceso de gobierno. No es el jefe quien asigna la responsabilidad, sino el empleado. Los personajes también se agrupan en círculos, que a su vez se agrupan en círculos más grandes. En ese sentido, hay una jerarquía, pero es horizontal/circular.

Características de Holacracia

Para implantar una cultura de personas en una empresa, es importante entender sus principales características. Compartiremos algunas de estas características a continuación:

- La principal característica de esta tendencia es que tiene una estructura circular en lugar de una estructura piramidal.

- En esta cultura, es importante que todos los involucrados tengan la capacidad de abordar y responder a sus responsabilidades de manera autónoma. Ser capaz de responder de forma autónoma a las necesidades es lo más importante.

- El modelo se basa en la participación de todos los involucrados. Para este propósito, se realizan reuniones periódicas en donde se asignan roles.

¿En qué se diferencia la holocracia de los modelos tradicionales?

Ahora que hemos discutido esos conceptos importantes que debe saber sobre la holografía. Veamos cuáles son las principales diferencias entre este modelo y la gestión tradicional de una empresa.

La primera y más obvia diferencia entre los dos modelos es la forma en que se percibe la jerarquía. Como comentábamos antes, porque no se basa en un modelo piramidal, sino en un círculo. Esto significa que cuando se toma una decisión, incluye a todas las partes involucradas.

Para este tipo de modelo, dentro de la empresa. No existen definiciones de roles en el trabajo. Asumir roles y responsabilidades según sea necesario para cada proyecto. Por lo tanto, la flexibilidad y la adaptabilidad según sea necesario son atributos necesarios de los miembros del equipo. Este modelo también permite a los empleados experimentar diferentes roles y aprender y desarrollar otras habilidades.

Ejemplos de empresas con holocracia

En la actualidad, en algunos países como Estados Unidos. El concepto de holocracia se trata de una marca registrada. La cual para poder ser implementada es necesario seguir los lineamientos que propone este sistema.

Debido a esta razón, es que existe un primer registro de las empresas que ya se encuentran implementando este tipo de organización en la actualidad, el cuál puede chequearse por completo desde este enlace.

Hasta el momento, se trata de unas 212 empresas solamente en ese país que se rigen bajo esta estructura. Son organizaciones de industrias variadas que abarcan desde la educación hasta la construcción, pasando por la tecnología y la salud.

- Koteos (México).
- Anybox (Francia).
- Ibo (Alemania).
- PlayFilm (España).
- Netaxis (Bélgica).
- Hike One (Países Bajos).
- GrantTree (Reino Unido).
- Eboca (España).

Beneficios de la Holocracia en RRHH

Implementar la holocracia en una organización no es una panacea para resolver los problemas de gestión de recursos humanos. De hecho, y probablemente, no es un sistema que funcione en todo tipo de empresa. El éxito de Holacracy depende no solo de la industria en la que opera una empresa, sino también de su tamaño, objetivos y, lo que es más importante, los valores y la cultura actuales.

Al mismo tiempo, la construcción de este sistema no puede suceder de repente. En cambio, se necesita tiempo y recursos para garantizar su correcto funcionamiento. Es decir, la verdad es que el paso de una empresa tradicional a una empresa de pleno derecho es satisfactorio. Las ventajas son considerables.

Comunicación interna

Facilitando la comunicación interna entre los empleados. No hay cuellos de botella ni trabas burocráticas. Crea espacios que inspiren la creatividad. Por lo tanto, para la innovación de procesos de producción internos. Por otra parte, la desaparición de los rótulos y jerarquías tradicionales alimenta la cooperación entre los empleados. Quienes pueden autogestionar sus tareas y, por lo tanto, sentirse empoderados en su rol.

Mejora el employee engagement

Por lo tanto, es más fácil involucrar a todos de la misma manera para lograr los objetivos comerciales de nuestra empresa. Esto aumenta el compromiso de los empleados. Pertenecer, es decir, ser parte de una misión que es más grande o más grande que el individuo, facilita el trabajo cooperativo y colaborativo dentro de las organizaciones, en última instancia, haciendo que las organizaciones sean más eficaces y sostenibles.

Al mismo tiempo, si más personas tienen la posibilidad de generar e implementar ideas. También tendrán la misma autoridad para detectar problemas. Debido a este aspecto, es más fácil para las organizaciones tradicionales resolver problemas que afectan el normal desarrollo de las actividades diarias.

Objetivos claros

Por último, pero de ninguna manera menos importante. En el sistema de cultura corporativa de autoridad total, nuestras expectativas y obligaciones con los empleados no solo son más claras. Dejan poco espacio para los malos entendidos. Sino que todo tipo de cambio sobre los mismos son fácilmente realizables. Esto dota a las empresas de flexibilidad para adaptarse al cambio, innovaciones a inclusive potenciales crisis.

En el presente que vivimos, se hace cada vez más necesario concebir y ejecutar ideas fuera de lo común. Experimenta con nuevas posibilidades. Y traer formas creativas de gestionar la vida de las personas. Todo con el fin de centrarnos en lo que realmente importa: hacer crecer nuestra empresa.

Administre su departamento con software de recursos humanos

Uno de los objetivos de Factorial es generar soluciones que te ayuden a gestionar mejor las tareas de tu departamento de RRHH. Nos esforzamos en crear herramientas que faciliten la gestión del talento.

Con el software de RR.HH. podrás monitorear mejor los horarios y la asistencia de tus colaboradores, su capacitación, las comunicaciones internas de la empresa, la gestión de documentos y contratos, la evaluación del desempeño y otras soluciones. Además, le permite acceder a esta información en cualquier momento y en cualquier lugar. Porque, al almacenar toda la información de la plantilla en la nube facilita su acceso.

Holocracia, el innovador concepto que deberías implementar (factorial.mx).

BIBLIOGRAFÍA

COOKING PLANNER. (s.f.). Obtenido de
https://cookingplannerblog.wordpress.com/descripcion-y-justificacion-de-la-empresa/

Cultura Empresarial. (12 de Febrero de 2009). Obtenido de
http://culturaempresarialparatodos.blogspot.mx/2009/02/12-elementos-de-un-plan-de-negocio.html

Cultura Empresarial. (30 de Octubre de 2012). Obtenido de
https://sites.google.com/site/culturaempresarialtec/accesscomp/8-analisis-foda

JR, I. O.–A. (s.f.). Eudoxa. Obtenido de https://eudoxa.mx/la-cultura-organizacional-como-ventaja-competitiva/

Nueva ISO. (27 de Noviembre de 2015). Obtenido de https://www.nueva-iso-9001-2015.com/2015/11/contexto-organizacion-norma-iso-9001-2015/

Vicente, E. (19 de Octubre de 2017). ClubEnsayo. Obtenido de
https://www.clubensayos.com/Temas-Variados/Unidad-I-Contexto-de-la-empresa/4147336.html

Recuperado 20 de septiembre 2019 https://culturaerasto.weebly.com/2

Carlos Alonso Chacota 9 de diciembre 2017 https://culturaerasto.weebly.com/236-promocioacuten-y-publicidad.

- Asesores, L. T. (2019). ¿Qué es el presupuesto de inversiones?. Obtenido de ¿Qué es el presupuesto de inversiones?: https://www.gsijuman.es/que-es-el-presupuesto-de-inversiones/

- Castro, J. (18 de Febrero de 2015). ¿Qué es el estado de resultados y cuáles son sus objetivos?. Obtenido de ¿Qué es el estado de resultados y cuáles son sus objetivos?: https://blog.corponet.com.mx/que-es-el-estado-de-resultados-y-cuales-son-sus-objetivos

- Chauvin, S. (20 de Febrero de 2017). Análisis del Punto de Equilibrio. Obtenido de Análisis del Punto de Equilibrio: http://www.mujeresdeempresa.com/analisis-del-punto-de-equilibrio/

- EALDE. (24 de Abril de 2017). Los Estados Contables en la Empresa. Obtenido de Los Estados Contables en la Empresa: https://www.ealde.es/estados-contables-empresa/

- Empresariales, H. (2019). *¿Qué es la gestión de riesgos en las empresas?*. Obtenido de ¿Qué es la gestión de riesgos en las empresas?: http://herramientas.camaramedellin.com.co/Inicio/Buenaspracticasempresariales/BibliotecaJurídica/¿Queeslagestionderiesgosenlasempresas.aspx

- Experto, G. (10 de Febrero de 2017). *¿Cuáles son las razones financieras de liquidez?*. Obtenido de ¿Cuáles son las razones financieras de liquidez?: https://www.gestiopolis.com/cuales-son-las-razones-financieras-de-liquidez/

- ModeloPresentación.com. (2018). *Presentación de un plan de negocio*. Obtenido de Presentación de un plan de negocio: https://www.modelopresentacion.com/presentacion-de-un-plan-de-negocio.html

- Navarro, J. D. (25 de Enero de 2018). *¿Qué es un análisis de sensibilidad?*. Obtenido de ¿Qué es un análisis de sensibilidad?: https://www.abcfinanzas.com/administracion-financiera/que-es-un-analisis-de-sensibilidad

- Riquelme, M. (11 de Septiembre de 2017). *¿Qué Es Y Cómo Hacer Un Presupuesto De Ventas?*. Obtenido de ¿Qué Es Y Cómo Hacer Un Presupuesto De Ventas?: https://www.webyempresas.com/presupuesto-de-ventas/

- Salmón, E. B. (12 de Julio de 2010). *El Flujo de Caja y su importancia en la toma de decisiones*. Obtenido de El Flujo de Caja y su importancia en la toma de decisiones: https://www.elblogsalmon.com/conceptos-de-economia/el-flujo-de-caja-y-su-importancia-en-la-toma-de-decisiones.

Bell y Burnham 21, Administración, Productividad y Cambio. Editorial Continental, México 1996 p. 168.

Ana Sofía May 27, 2022 Cultura empresarial o cultura organizacional, tipos y fundamentos [+Plantilla] (factorial.mx).

- **Alejandro Jáuregui** 10 principios para desarrollar una empresa exitosa • gestiopolis

12 principios de organización empresarial y por qué son importantes (structuralia.com)
Ana Sofía January 24, 2022 Qué es la metodología ÁGILE en RRHH y cómo implementarla

ACERCA DEL AUTOR

Nació en Villahermosa, Tabasco, México, hijo de la Señora Isabel Jiménez De la Cruz+ y del Señor Manuel Pérez López+, estudio en la División Académica de Ciencias Agropecuarias de la Universidad Juárez Autónoma de Tabasco, la carrera de Medicina Veterinaria y Zootecnia, hizo un Diplomado en Formulación y Evaluación de Proyectos, estudio una Maestría en Administración de Negocios con especialidad en Calidad y Productividad, tiene más de 25 años como Docente en el Tecnológico Nacional de México campus Zona Olmeca, actualmente le gusta la actividad empresarial y colabora como Director de Operadora de Restaurantes El Carruaje S.A de C.V, le gusta la política y es amante de los animales.

"Hacia una cultura empresarial de exitos"

Isabelino Pérez Jiménez